내 손을 잡아줘

관심 밖 약자들의 외침, 복지정책의 민낯

내 손을 잡아줘

김선우 지음

모아북스
MOABOOKS

차례

1부　우리가 만나야 할 미래

01　대한민국에서 장애인으로 산다는 것

2부 알고도 외면하는 한국 사회의 복지정책 제안

01 복지정책에 대해 말하지 않는 것들

02 포스트 코로나 시대를 대비한 노동정책의 대안

03 국가의료체계의 공공성 확대

부와 빈곤으로
양분된 세계

복지정책의 두 얼굴

#코로나19

#위드코로나

#소득격차

#우선순위

"코로나19 이전의 세상은
돌아오지 않는다.
이제는 완전히 다른 세상이다.
생활 속에서 감염병 위험을
차단하고 예방하는 방역 활동이
우리의 일상이 될 것이다."

- 권준욱 중앙방역대책본부 부본부장

이전의 바이러스와는 다른 양상으로
전 세계는 이제까지 경험하지 못했던
새로운 위기에 직면해 있다.
전 세계가 코로나 이전 세상으로의
복귀를 시도하고 있다.
그러나 알파, 베타, 감마, 델타에 이어
오미크론 변이 바이러스까지 속출했다.
그 다음 n번째 바이러스가
등장하지 말라는 법도 없다.

가족과 사회가 단절되고
경제위기를 입었던 전 세계가
코로나19 이전의 세상으로
복귀하기만을 꿈꾸고 있다.

그러나 위드코로나까지는
여전히 살얼음판을 걷는 듯
조심스럽기만 하다.

"또다시 국민들께
조금 더 참고 견뎌내자고 당부드리게 돼
대단히 송구한 마음을 금할 수 없다."

- 2021년 11월 28일 문재인 대통령

위드코로나를 꿈꾸며 방역 완화를 추진했다가
확진자가 급증하면서 대통령이 사과했다.
오미크론이 우세종이 되면서
국내는 다시 악화일로에 접어들었다.

수많은 사람이 감염되었고,
목숨을 잃었다.
지금도 그 공포는 계속되고 있다.

공포는 알 수 없음에서 시작된다.
깜깜한 밤길이 무서운 것은
내 앞에 무엇이 나타날지 모르기 때문이다.
코로나19는 그 끝이 보이지 않아서 무섭다.

코로나라는 최악의 재난은
서로 다른 두 얼굴의 세상을 만들어냈다.

그럴듯한 정책의 뒤에 숨어
사람을 사람답게 살게 하는
복지정책의 우선순위가 달라지고 있다.

팬데믹 이후 복지정책

#팬데믹
#폭락
#사회적약자
#새로운정책

모든 인간을 먹여살릴 수 있을 것인가?
빈곤을 퇴치할 수 있을 것인가?
모두에게 일자리가 주어질 것인가?
무엇보다 우리는 함께 살아갈 수 있을 것인가?

- 자크 아탈리, 프랑스의 경제학자

코로나는 화마처럼 전 세계를 뒤덮었다.
코로나가 빠르게 확산되면서
국제 주식시장은 폭락을 거듭했다.

한편으로는,
언제 바닥을 찍고 다시 상승세로 돌아설 것인지,
어디까지 반등할 것인지에 관심이 몰리기도 했다.

"신종 코로나바이러스 감염증(코로나19)에 의한
경기침체가 2차 세계대전 이후 최악이다."

- 제롬 파월, FED 의장

사상 최악의 코로나 바이러스는
인류를 위협하고 있다.
코로나는 생활양식과 경제구조의 근간을 뒤흔들었다.
정치, 사회, 경제적으로 엄청난 영향을 미치며
사회구조를 뒤바꿔놓았다.
빈곤층을 양산하고
계층 간 소득 격차를 심화시키고 있다.

코로나 이후 부채가 급격하게 증가했다.
물가상승률은 최고치를 기록했다.
그러나 코로나로 경제 전반이
어려움을 겪는 상황에도
부동산과 주식과 같은 자산시장은
오히려 호황을 누리고 있다.

"현재 시장은 이 위기를 기회로 보고 있다.
더 많은 돈, 더 많은 지원금이 유입되고 있으니까."
- 케빈 니컬슨, 리버프론트최고투자그룹 CEO

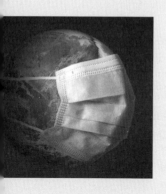

인간에게서 인간으로 번지는 바이러스는
누구에게게나 평등하다.
그러나 인간 사회에서 바이러스는
사회적 약자에게 더 가혹하다.

사회는 약자에게 짐을 떠넘기지 않으면서
이 위기를 극복하는 길을 찾아야 한다.
팬데믹 이후
새로운 사회, 새로운 복지정책을
꿈꾸며 만들지 않고서는
희망은 없다.

"모두가 인간으로서 품격을 누리는
기본을 보장받는다면,
세상의 두려움은 줄어들 것이고,
두려움이 줄면 혐오도 줄어든다."

- 마사 누스바움, 법철학자

복지정책에서 말하지 않는 것

#장애감수성

#공감

#포용사회

#통합

"능력이나 체력의 차이가
각각 다르므로
평등이란 있을 수 없다"는 말이 있다.
그러나 게오르크 리히텐베르크는
"각각 능력이 다르므로
권리의 평등이 더욱 필요하다"고 했다.
지혜와 힘이 불평등한데
거기다 권리마저 불평등하다면
약한 자가 강한 자에게
받는 폭압은 더욱 커질 것이다.
- 톨스토이

장애 인식 개선교육은
유치원에서부터 학교, 사업체까지
의무화가 되었다.

어려서부터 장애 감수성을 키우고
장애 공감문화 조성에 기여하고,
장애를 떠나 우리는 모두 같은 사람이라는
관점을 통해 포용사회를 실현하는 데 목표가 있다.

"거위는 주변에서 접한 것을 바탕으로
최초의 결정을 내릴 뿐만 아니라,
한 번 내린 결정은 끝까지 고수한다.
거위에게 통용되는 이 원리는 인간에게도 통용된다."
- 콘라드 로렌츠, 오스트리아의 동물학자

아무런 사회적 편견을 가지지 않은 아이가
장애인에 대한 차별 없이
장애를 받아들이다가도,
잘못된 편견으로
장애에 대한 부정적 인식이 새겨지는 건 한순간이다.

각종 차별의 예방책은
처음부터 인식을 개선하는 방법밖에 없다.
장애 인식 개선교육이 필수 의무교육이 된 이유도
출발점에서부터 잘못된 인식과 차별이
존재하기 때문이다.

2002년부터 장애인 차별철폐 투쟁을 해왔다.
우리는 그간 시설에 있었고, 집구석에 있었다.
사람 한 명을 만나려면 이벤트를 해야 한다.
장애인의 날, 남산 꽃구경 갔을 때
언론에서 행복하냐고 묻는다.
남산 꽃구경하면 행복한가?
정치인이 와서 목욕시켜주면 행복한가?

"우리가 행복한 건 여러분과 함께 있는 것이다.
시혜와 동정의 대상이 아니라
권리를 가진 사회의 주체가 되는 것이다.
지역사회에서 함께 공부하고 이동하고 일하고
문화생활 누리면서 즐겁게 살고 싶다.
우리에겐 그렇게 살 권리가 있다."
- 박경섭, 전국장애인차별철폐연대 상임공동대표

장애인이 억압 속에서 살고,

경제적으로 어려우며,

정치 · 사회적 참여도가 낮은 것도

장애인의 인식 개선이 여전히 미비하기 때문이다.

장애가 없는 사람을

일반인이라고 칭하면,

장애가 있는 사람은

일반적이지 않은 비정상적인 사람이 되어버린다.

장애인이 먼저 제안한

장애인정책 종합계획은

비장애인이 계획하고 수립함으로써

껍데기만 남아 오히려 장애 정책을 망치고 있다.

언론이나 비장애인이 장애인을

동정의 대상으로 보는 순간,

권리의 주체자로서 동등한 입장에서

더불어 함께 살아가기가 어려워진다.

코로나19가 드러낸
사회안전망의 한계

#데이터
#신청주의
#찾아주는복지
#사각지대

"얼마 전, 서울 성북구의 다세대주택에서
숨진 채 발견된 네 모녀가 받은 지원금은
단 한 건도 없었다.
기초생활수급자도 아니었던 이들은
몇 달간 건강보험료를 체납하는 등
급작스럽게 경제적 어려움에 빠진 것으로 보이지만,
정부 지원제도인 '긴급복지지원제도' 를 신청하지 않았다.
긴급복지는 당사자가 신청해야만 받을 수 있다."
- 〈파이낸셜뉴스〉 2019.12.17.

지난 4월, 코로나19로 인한
경제위기에 대응하고자 정부는 서둘러
긴급재난지원금을 지급하기로 결정하였다.
그런데 문제가 생겼다.
바로 데이터였다.
고용이 불안정한 노동자의
근로소득 변화를 파악할 수 없었다.
국민의 어려운 상황을
실시간 혹은 최근 상태로
파악할 수 있는 데이터가
존재하지 않았다.

복지서비스를 받으려면
누구나 신청해야 한다.
복지제도는 아는 사람만 받는
'신청주의' 패러다임으로
사각지대가 발생한다.

코로나19로 인한 다양한 형태의 근로자들의
일자리 감소와 소득 상실에 대한 대처도
데이터 부족으로 제대로 파악할 수 없었다.

사회안전망을 제대로 갖추고
데이터를 확보해야
고용안전망에서 이들을 보호할 수 있다.

데이터 기반 복지로 전환할 때,
알고 찾아가 신청해서 받는 복지가 아니라
정부가 대상자를 찾아주는 복지로
소외되거나 사각지대 없이
적극적인 복지행정을 펼칠 수 있다.

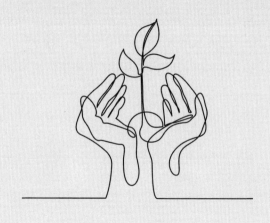

"가난을 증명해야 하는 상황도 그렇지만,

막상 기초생활보장제를 신청했을 때

기준이 까다롭다.

지원을 받을 수 있도록

돌봄의 사회화 · 제도화가 강화돼야 한다."

- 조기현, 『아빠의 아빠가 됐다』의 저자

01

더 큰 복지, 더 나은 세상, 과연 올까?

복지정책은 장애인을 복지의 대상자가 아니라 수혜자로 규정한다는 점에서 그 한계가 있다. 특히, 코로나19 이후 격변하는 패러다임에 대응하는 데 어려움이 많다. UN 장애인권리협약CRPD: Convention on the Rights of Persons with Disabilities의 국제적 수준에 맞춰, 장애인의 권리 보장과 사회참여 실현에 필요한 구체적인 정책이 요구된다.

모든 장애가 있는 이들의 존엄성과 권리를 보장하기 위한 UN 인권협약에서는 장애인을 혜택을 수동적으로 받기만 하는 '대상' 이 아닌, 자유에 근거하여 자신의 권리를 동등하게 주장하는 '주체' 로 보아야 한다는 관점을 제시하였다.

1987년 개정된 9차 헌법에서 장애인을 '신체장애자' 로 규정하여 단순히 보호 대상으로 여기기만 하였다. 장애인의 권리와 평등을 보장하기 위한 조치는 그 어디에도 없었다. 2018년에 이르러 UN 장애 인권리협약를 받아들여 장애인을 독립된 인격체로 존중하고, 자립적인 삶을 영위하기 위해 사회참여의 권리를 가져야 한다는 조항을 넣음으로써 한 단계 도약하였다.

그러나 현실에서는 아직도 정당한 편의 제공이 의무화되지 않고 있다. 많은 조항이 임의조항이거나, 장애인에 대한 구체적이고 현실적인 규정이 존재하지 않는다는 한계가 있다. 무엇보다 장애 특성을 충분히 고려하지 못하고 있다.

유례없는 코로나 감염병 위기 속에 사회적 취약계층의 삶은 고단했으며, 무단히 위협당했다. 매번 선진국 수준에 걸맞은 정책으로 만든다고 하지만, 그동안의 정책과 비교했을 때 사용하는 표현이나 용어만 다를 뿐, 크게 달라지지 않았다. 현장을 잘 모르다 보니 공급자 중심의 탁상공론에서 벗어나지 않고 있다. 역지사지를 실천하겠다며 현장을 찾아다니지만, 복지에 대한 무지와 편견을 드러내고 있으니 안타깝다.

복지정책에 대한 구체적인 이야기를 하기 전에, '복지'라는 말을 짚어보도록 하자. 복지는 한자어로 福祉라고 쓴다. 복 '복'과 복 '지'가 결합되어 복이 매우 많아 행복한 삶, 행복하게 살 수 있는 사회 환경을 의미한다.

보통 행복하다고 말할 때 "난 복지해", "난 복지한 삶을 살고 있다"라고 말하지 않는다. "어려운 이웃의 복지 증진을 위해서", "사회적 약자의 복지를 향상한다"라고 말할 때 복지라는 표현을 쓴다.

다시 말해서 복지는 한 개인의 행복한 삶만을 위한다기보다는, 개인을 제외한 남이나 개인을 포함한 우리의 행복한 삶을 말할 때 적합한 표현이다. 그래서 복지를 논할 때는 이웃과 공동체를 고려하게 되고, 사회적 의미를 더 강조하게 된다.

사회 구성원인 개인은 자신의 행복과 복지 향상을 위해 사회적 활동을 한다. 반면, 경제적으로 사회적 약자인 아동, 장애인, 노약자 등은 정상적인 사회·경제활동을 유지하기 위한 정책적인 도움이 필요하다. 따라서 복지정책은 국민의 생활에 구체적으로 개입하여 영향을 끼쳐야 한다.

개별화된 방식으로 빈곤한 사람에게는 생활이 일정 수준 이하로 떨어지지 않도록 소득을 직접 지원하고, 실업자에게는 일자리 제공을, 치료비가 없는 계층에게는 질병을 치료할 수 있는 제도를 마련해 줘야 한다.

모든 국민에게 평균적인 복지와 수준을 제공하는 것이 아니라, 어떤 계층에는 세금을 갹출하고, 어떤 계층에는 복지정책을 통해 개별적이고 구체적인 방식으로 삶에 개입해야 한다.

더 큰 복지로, 더 나은 세상을 위해 코로나를 이겨내고 단계적 일상 회복을 통해 안정적인 삶을 계속 이어나가야 한다. '우리가 이겨내야 할 대상은 외부의 적이 아닌 어제의 우리' 라는 말처럼 어제보다 더 나은 복지 세상을 만들어가자.

02

복지국가는 어떻게 수립되는가

복지국가는 선진 민주국가가 지향해야 하는 상징이 되었다. 자본주의 경제체제에서 발생하는 사회적 위험으로부터 국민을 보호하고 기본 생활 유지를 위해 국가가 다양한 방식으로 개입한다. 즉, 누구나 봉착하게 되는 생애주기별 위험에 대한 사회적 대처 방안을 제도화하여 보편적으로 제공한다.

이러한 복지국가를 실현하려면 정치적 의지가 중요하지만, 항상 '포퓰리즘'이라는 꼬리표가 붙는다. 그럼에도 복지를 국가의 시혜가 아닌 국민의 권리로 인식하는 사회로 만들어가기 위해서는 복지국가에 대한 이해가 필요하다. 특히, 복지국가는 어디에서 어떻게 출발하여 변화해왔는지 짚어볼 필요가 있다.

인류의 오랜 역사에는 수많은 국가의 탄생과 소멸, 온갖 종류의 정치체제가 있었다. 단일 민족을 수호하는 국가, 다른 나라를 정복하는 국가, 여러 국가를 지배하는 제국국가, 독재국가, 연방국가 등 국가의 유형은 다양했다. 그 가운데 최고의 성과를 낸 것은 북유럽 국가들의 보편적 복지국가 모델이다.

　인간은 역사적으로 타인의 소유물을 뺏고 빼앗으면서 살아왔다. 초기의 국가는 최소한의 체계만을 갖춘 집단으로 특정한 지역에 머무르며 경쟁 집단을 제압하기 위해 물리적 폭력과 전쟁을 일삼았다. 농경 생활이 기반이므로 힘의 강함에 기반을 둔 종속관계가 성립되었다. 강한 지배자는 보호를 명분으로 공납이나 상납을 받으며 국민을 보호했다.

　국가의 보호 아래 국민은 생산물을 교환하며 이익을 추구하였고, 그 과정에서 시장이 형성되었다. 국가는 국민의 시장 활동과 재산 소유를 장려하면서 경제 활동을 지원하는 정책을 시행함으로써 국가 재정의 몸집을 키우는 장기적인 계획을 수립한다. 경제 활동을 통해 계급이 생기면서 자본이 많은 세력은 위치가 상승되면서 정치적 힘을 발휘하는 데 이를 국가가 인정하게 된다. 반면에, 어느 곳에도 속하지 못하고 인정받지 못하는 계층이 생기면서 불만이 표출되기도 한다.

　국가는 점차 발전하는 단계를 거치면서 자연스럽게 민주국가혹은 공산국가로 진입한다. 국가에 납세를 하는 조건으로 참정권을 획득하면서 국가 지배자에서 일부 세력으로 정치적 권한이 이동한다. 귀족과 같은 중상류 계급 중심에서 모든 국민에게 동일한 선거권이 부여되는 완전한 민주주의는 혁명을 통해 이루어졌다. 신분 계급

질서가 붕괴되면서 점차 노동자, 농민 등 모든 계층의 정치적 권리가 인정되고 여성에게도 투표권이 보장되면서 민주국가로 점차 완성되어갔다.

그러나 국가와 자본이 유착되면서 경제적 불평등이 이루어졌고, 빈곤에 빠진 국민과의 갈등이 심화되기도 하였다. 국가는 이를 해결하는 방법으로 삶의 안정과 평등을 보장하는 복지정책을 구현한다. 국가마다 민주화를 이룬 시기와 단계는 다르지만, 대체로 약탈에서 시작되어 발전국가, 민주국가, 복지국가로 진입하였으며, 그 과정에는 자본주의 경제 체제가 밀접하게 연관될 수밖에 없다. 복지국가에는 세금이 필수적이다. 국가는 세금이라는 재원을 확보하여 안보, 치안, 경제, 행정, 복지 등의 기능을 수행한다.

국민의 다양한 요구와 압력에 따라 재정의 범위가 달라지긴 하지만, 복지는 국민에게 개별적이고 구체적인 혜택을 제공해야 하므로 엄청난 세금이 소요된다. 특히, 보편적 복지일 경우 재정적 출혈은 상상을 초월한다.

그렇다면, 이러한 복지 재원을 어떻게 마련해야 하며 누구에게 전달해야 할까?

여기에는 나라마다, 전문가마다 견해를 달리한다. 빈곤한 자에게 복지 혜택을 주면 복지에 더욱 의존하게 되어 빈곤에서 헤어나오지 못하므로 최소한의 선별적인 복지가 제공되어야 국가에 의존하지 않고 자립할 수 있다는 주장과, 공평한 기회를 제공함으로써 사회에서 성장할 수 있도록 돕는 것이 진정한 복지라는 주장으로 갈린다.

현재 많은 복지국가는 근본적으로 자본에 의지하고 있으며, 일부 자본을 독점하는 기업의 이익이 사회로 제대로 환원되지 않아 재정적인 문제점을 안고 있어서 복지 향상이 어려운 구조다.

이러한 어려움을 해결하려면, 복지 공급 체계를 다원화하여 국가, 시장, 비영리 조직, 소규모 공동체와 가족 등이 상호 연대해가는 구조로 하나의 복지 체제를 형성해야 가야 한다.

1. 국가는 보편적이고 체계적인 시스템을 만들 수 있지만, 획일적이고 권위적인 서비스로 국민 평등과 자유의 가치를 훼손할 수 있다.
2. 시장은 효율적일 수 있지만, 영리 목적이 1순위이기 때문에 불평등을 초래한다.
3. 비영리 조직은 유연한 활동이 가능하지만, 비전문적일 수 있다.
4. 소규모 공동체와 가족은 친밀한 서비스를 제공할 수 있지만, 배타적일 수 있다.

이처럼 각각의 복지 공급 체계는 장단점을 지니지만, 다양한 공급 주체를 적절히 혼합하여 단점을 보완하고 장점을 극대화하는 방법으로 전환하는 것이 바람직하다.

03

한국형 복지국가의 과제

우리나라는 더 이상 가난하고 헐벗고 굶주린 사회가 아니다. 복지가 대세인 나라가 되어 가고 있다. 국민의 행복 수준과 여러 통계를 보고 비유하자면, 스웨덴은 성인기, 우리나라는 유년기 수준에 도달한 상태다.

복지 혜택을 늘려 국민 삶의 질을 높이자는 데 반대하는 사람은 없다. 복지국가란, 국가가 사회 구성원의 인간다운 삶을 책임지기 위해 국가가 적극적으로 시장의 역기능을 제어하고 역할을 부여하는 국가 운영 시스템을 말한다.

복지국가가 생존하고 발전하기 위해서 노동과 복지는 상호 연계되어 있다. 개인은 노동을 통해 스스로 자신의 삶을 통제하며 자아실현을 이루며 사회에 기여하고, 자신과 가족 구성원의 삶을 책임진다는 안도감을 느낀다.

그러나 노동을 통해 삶을 유지하기 위해 최선을 다하는 데도 개인이 감당할 수 없는 위기 상황이 초래될 수 있다. 이때 국가는 의료,

교육, 노후, 사회복지, 주거 등에 대한 문제를 제도적으로 마련해주어야 한다. 포괄적인 사회정책을 통해 사회 구성원이 생존권을 부여받아 사회 발전과 경제 성장의 동력이 되도록 국가는 복지정책을 구축해야 한다.

한국 사회는 사회복지보다는 경제 성장 중심의 정책에 초점을 맞춤으로써 눈부신 한강의 기적을 이루어냈다. 세계에서 가장 빠른 성장 속도로 눈부신 경제 발전을 이루어내고 선진국에 진입했지만, 그 대가로 세계에서 가장 참혹한 초저출산, 가장 빠른 초고령화 사회, 높은 자살률, 양극화와 불평등이 심한 나라가 되고 말았다.

전 국민의 복지를 보장하는 데는 한계가 있다. 오히려 경제 성장을 위해 일부 계층의 희생을 강요했다. 각종 경제지표는 선진국에 진입했음을 가리키지만, 그늘 한쪽에는 점심을 거르는 아동들, 소외되는 노인들, 존중받지 못하는 장애인들이 사회적 차별 속에서 살아가고 있다. 경제 성장을 최우선의 가치로 삼았기에 경쟁 위주의 공교육, 성장 위주의 경제 정책 등으로 시장 경쟁을 통한 성공과 능력이 지배하는 사회가 되었다. 성장하지 못하거나, 경쟁에서 패배하고, 돈과 능력이 없으면 실패라고 보는 사회적 가치는 제대로 된 복지국가의 가치로 볼 수 없다. 이런 토대 위에서 복지국가를 실현하기는 쉽지 않다.

우리나라 복지의 역사적 맥락을 살펴보면, 역대 정부의 복지 철학은 잔여주의 선별적 복지였다. 권위주의가 강했던 산업화 시기에도 그랬고, 민주화 시기에도 그랬다. 1997년 외환위기 이후에는 양극화 문제가 노골적으로 드러났음에도 시장 물질만능주의 경제 기조와 짝을 이루면서 주로 선별적 복지에 머물렀다.

그나마 민주화 운동의 결실로 복지 분야가 물꼬를 텄는데, 최저임금제, 국민연금법, 산재보험과 직장의료보험의 적용 범위 확대, 모자복지법, 장애인복지법, 장애인고용촉진법 등 사회 서비스에 대한 법률 등의 제정이 그러하다. 이러한 제도의 도입과 시행은 복지정책의 양적인 성장을 가져오고, 기존 특정 대상에게만 선별적으로 시행했던 한계를 극복했다고 할 수 있다.

그러나 복지서비스의 확대에도 불구하고 우리 사회의 복지제도는 여전히 저소득층과 노인, 장애인에게는 선별적이고 제한적인 제도에 그치고 있으며 사회안전망으로서도 잔여적 수준에 머물고 있다.

복지를 성장을 저해하는 요인으로 판단하는 인식도 여전하다. 정부 정책의 기조에 따라 잔여적 복지가 정치성에 휘둘리고 있으며, 그마저도 광범위한 사각지대를 모두 포함하진 못하고 있다. 제대로 된 보편적인 보장을 제공하지 못하고 있어 구멍 뚫린 복지나 다름없다.

노령인구의 증가로 노후대책 마련과 노인 일자리 문제 등도 사회가 해결해야 할 문제로 부각된다. 전통적 가족 형태에서 벗어나 이혼·비혼·재혼·입양·한부모·장애아·조손·다문화·새터민·맞벌이 가정 등 다양한 가족 형태에 대한 대응과 저출산 방지를 위해 일과 가정의 양립 시스템 구축, 돌봄 서비스 확대가 시급히 요구된다. 이제 한국 사회는 저소득층의 최저 생계 보장을 넘어서 주거, 고령화, 저출산, 보육, 장애인, 의료 등 전 생애주기에 이르는 보편적인 영역에서 '맞춤형 복지'를 요구하는 목소리가 커지고 있다.

복지의 수준이 여전히 형식적이라면, 자본과 노동자의 관계에서 여전히 노동자는 '을'이라는 한계가 있다. 시민이라면 누구나 누려야 하는 사회적 권리로 복지가 있는 것이 아닌, 일종의 보상이라는 측면에서 복지가 있다는 점에서 진정한 복지국가라고 정의할 수는 없다.

고령화와 양극화로 인해 선별적 복지 수요가 급증하였고 여전히 복지 서비스는 부족하다. 그러므로 선별적 복지로 삶을 보장하기 위해서는 더 많은 재원이 필요하다는 데 이의를 제기할 사람은 아무도 없을 것이다. 더구나 코로나로 인해 재난지원금, 기본소득에 대한 논의가 공론화되었다. 복지국가로 나아가기 위해 선별적 복지를 할 것인지, 보편적 복지를 제도화할 것인지에 대한 논쟁이 첨예하다.
우리나라의 보편적 복지에는 국민건강보험, 국민연금, 산재보험, 최저임금제도, 국민기초생활보장제도가 있다. 기본적으로 전 국민을 대상으로 하고 있으나, 특정한 상황에 처했을 때만 효과를 발휘한다. 가령, 질병, 노령, 산업재해, 저임금, 빈곤 등에 처해 있을 때다.

따라서 삶의 과정에서 누구나 겪는 취업, 양육, 교육, 결혼, 주거 등의 문제를 해결하는 데는 매우 취약하며 낮은 수준의 혜택만이 주어진다. 특히, 노동자는 보험에 가입하지 않으면 복지를 받을 수 없다는 한계가 있다.

따라서 우리나라의 복지는 개인 삶의 과정을 중심으로 보편적인 측면에서 더욱 발전해야 한다. 출생, 보육, 교육, 취업, 결혼, 출산, 주거, 노후, 의료 등의 생애맞춤형 문제를 해결할 수 있는 제도가 마련되어야 한다. 과거에 비해 다양성이 증가한 복잡한 현대사회에서는 시민의 다양한 요구에 부응할 수 있어야 한다. 성별, 인종, 민족, 장애 상태, 종교, 성적 지향 등 다양한 다름이 차별과 불이익이 되지 않도록 다양성을 모색해 나가야 한다.

특정 수준의 복지를 보편화하고, 더 필요한 부분에 대해서는 이전보다 더욱 견고하고 촘촘한 복지 서비스로 국민 삶의 질 향상과 보편적 평등을 이뤄내는 것이 한국형 복지국가가 지향해야 할 목적이자 과제라고 볼 수 있다.

1부

우리가 만나야 할 미래

01

대한민국에서 장애인으로 산다는 것

장애인에 대한 국민의 인식

2019년 〈서울신문〉과 한국장애인인권포럼이 만 19세 이상 성인 1,000명을 상대로 조사한 설문 결과에 따르면, 응답자의 70%가 '장애인·비장애인 구분 없이 함께 생활하는 게 지역과 사회발전에 더 이롭다' 는 의견에 공감했다.

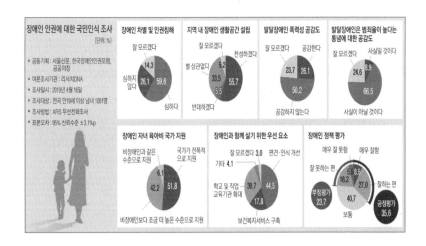

그러나 자신의 거주지에 장애인 생활공간이 들어오는 것에 대해선 이보다 낮은 55.7%가 찬성했다. 자녀가 다니는 어린이집이나 학교에 특수교사의 도움을 받는 발달장애인이 함께 다니는 것에 대해서도 62.4%만이 찬성했다. 자녀와 발달장애인이 함께 공부하는 것에도 전 연령 가운데 가장 많은 10.6%가 반대했다. 다양성을 불안정성으로 인식하는 경향을 내비친 것이다.

실제로 우리 사회가 장애인을 어떻게 인식하고 바라보고 있는지 드러난 사건이 있었다. 서울에 장애 특수학교를 설립한다고 했을 때, 동네 주민들은 집값 폭락과 교육환경이 위험해진다는 이유로 벌떼처럼 일어나 반대했다. 장애아를 둔 학부모는 반대하는 주민들 앞에 무릎을 꿇고 호소해야 했다.

무관심도 적지 않았다. 무관심으로 명확히 의견을 표시하지 않은 응답자는 이런 일에 맞닥뜨렸을 때 반대 의견을 낼 가능성을 배제할 수 없다. 장애인에 대한 이해 수준이나 인권 감수성은 20대가 특히 높았다. 전 연령대를 통틀어 가장 많은 77.9%가 장애인에 대한 차별과 인권침해가 심하다고 답했고, 장애인 돌봄은 당사자 개인의 문제가 아니므로 사회가 책임져야 한다는 데 83.3%가 공감했다. 반면, 장애인은 지역사회가 아닌 시설에서 생활해야 한다는 데 31.0%가 동의하는 등 장애인과 함께 어울려 사는 것에 대해선 상대적으로 부정적 인식이 강했다.

비장애인을 중심으로 설계된 세상에서 산다는 것

"헌법 제34조 1항, 모든 국민은 인간다운 생활을 할 권리를 가진다."

"장애인복지법 제23조 편의시설 1항, 국가와 지방자치단체는 장애인이 공공시설과 교통수단 등을 안전하고 편리하게 이용할 수 있도록 편의시설의 설치와 운영에 필요한 정책을 강구하여야 한다."

헌법과 법률이 엄연히 존재함에도 불구하고 비장애인을 중심으로 설계된 세상에서 장애인들은 교통수단을 이용하여 평범한 일상을 보내는 데도 더 많은 시간과 비용을 들여야 한다. 대한민국에서 장애인으로 산다는 것은 끊임없이 싸우고 견뎌야 하는 것인지도 모른다.

사는 집도 비장애인으로 설계된 구조여서 혼자 안전하게 생활하기는 여간 어려운 것이 아니다. 온전한 휴식을 위한 공간인 집에서조차 편리함을 갖추지 못한 설계로 현관과 내부 사이의 문턱에서부터 차별과 불편함을 겪어야 한다. 외출이라도 하려고 하면 아파트 문턱과 싸워야 한다. 높은 엘리베이터 버튼, 언제 올지 모르는 저상버스, 1층에만 있는 장애인 화장실, 그마저 남녀공용 화장실인 경우를 보면 여전히 장애인 편의시설이 갈 길은 멀기만 하다.

우리 사회에는 지금 이 시간에도 많은 장애인이 존재하고 생겨나고 있다. 선천적으로 장애인으로 태어나기도 하지만, 사고와 질병으로 완치되지 못하여 장애인으로 살아가는 사람들이 많다. 장애인은 불구가 아니다. 특정 영역에서 기능이 제한된 사람들이며, 사회로부터 적절한 지원과 자원이 있다면 정상적으로 기능할 수 있는 사람들이다.

특히, 대한민국에서 장애인으로 태어나거나 장애인이 된다는 것에 절망감을 느끼는 사람들이 많다. 장애인이 된다는 것이 절망스럽다면, 자신의 신체가 손상되어서일까, 아니면 자신이 하던 일을 더 이상 하기에는 어렵기 때문일까?

사고나 질병으로 장애인이 된 사람들을 보면 집 밖으로 나오기까지 수 개월 이상이 걸렸다고 한다. 분명 장애인으로 산다는 것은 불편한 일이다. 그러나 대한민국에서 장애인으로 산다는 것은 단순히 불편한 것을 넘어 부끄러운 일이 되기도 한다.

누구나 장애인이나 장애인의 가족이 될 수 있는데도, 비장애인의 편의를 앞세운 환경 구조 탓에 장애인들은 타인의 도움을 요청하는 일이 많아진다. 그러한 순간을 겪지 않도록 세심한 정책과 배려하는 환경이 구축되어야 할 것이다.

장애인 언론의 공익성에 대해

장애인 언론의 필요성에 대한 공감대 형성이 아쉽다. 장애인은 비장애인에 비해 정보 접근성이 떨어진다. 장애인 방송은 24시간 모든 방송에 수화와 한글 자막, 화면 해석을 실시함으로써 장애인의 평등과 인권을 보장하고 알 권리, 볼 권리, 들을 권리를 충족시킨다.

2010년 정부에서 UN 장애인권리협약 국가보고서에 장애인 인식 개선 프로그램을 방영하는 복지TV를 공익채널로 선정하여 각 지역의 케이블 방송사에 의무적으로 복지TV 프로그램을 방영하도록 하였다. 장애공익채널 복지TV는 지구촌에서 하나밖에 없는 유일한 장애인 방송이다. 현행 방송법은 장애인의 시청 편의를 위해 종합유선방송사업자 및 위성방송사업자는 대통령령이 정하는 바에 의하여 장애인의 복지를 위한 채널을 두도록 하고 있다.

일례로 정부에서는 복지TV를 장애인 복지채널로 인정했지만, 사실 복지TV는 공공채널로 보호해줘야 한다. 장애인의 미디어접근권 보장을 위해서인데, 전국 각 지역 방송국의 입맛에 따라 채널 번호와 채널 상품대가 천차만별이다. 장애인 복지채널의 채널 번호가 지역마다 서로 제각각이다보니 시각장애인이나 청각장애인, 발달장애인 등이 다른 지역에 가서 장애인 복지채널을 시청하려고 하면 채널을 찾는 데서부터 어려움을 겪는다.

사회적 약자이며 세상과의 소통이 힘든 장애인 입장에서는 TV야

말로 가장 큰 정보 획득의 창구라 할 수 있음에도 불구하고 단순히 시장경제 원리라는 편협된 사고로 인해 대다수 장애인은 오늘도 채널 선택에서마저 차별받고 있다.

다행스럽게도 최근 한국장애인단체총연합회, 한국교통장애인협회 등 장애계 단체와 각계 사회 저명인사, 연예인이 나서서 복지TV 채널 단일화를 요구하는 캠페인을 펼치고 있다. 정치권에서도 좀 더 관심을 갖고 복지TV가 장애공익채널로서 장애인이 언론에서 소외받지 않고, 신문고 역할까지 할 수 있도록 도와야 한다.

장애인 언론은 장애 인식 개선과 소외계층의 대변인으로서의 역할을 한다. 잘 먹고, 잘 살고, 잘 죽는 삶을 영위하는 것이 진정한 복지다. 장애는 부끄러운 것이 아니다. 숨길 필요도 없다. 단지 조금 불편한 것일 뿐이다. 우리는 '차이'와 '차별'의 다른 개념을 바로 알아야 한다.

차별은 의식 속에서 자꾸 자라나는데, 주의를 기울여 수정과 삭제를 거듭해나가야 한다. 외국에 나가 한국인을 차별하면 인종차별을 받았다며 예민하게 반응하고 분노하지만, 외국인의 어눌한 한국어 발음에 대해서는 쉽게 놀림 대상으로 삼고, 장애인을 차별하지 않아야 한다고 하면서 쉽게 '결정장애, 조울증이 있다'고 말한다. 누구나 차별하는 사람이 될 수 있고, 차별받는 사람이 될 수 있다. 그러나 공정한 기회를 바탕으로 평등한 세상으로 나아가길 원한다면 장애 인식 개선 교육을 통해 차별과 차이, 편견과 배려에 대해 배워야 한다.

전 세계 최초 대선후보 토론회 수어통역 생방송 화면.

장애인 언론의 공익성이 확보됨으로써 기존의 복지가 많이 가진 집단이 덜 가진 집단에게 나눔으로 그쳤다면, 자립형 복지 구축으로 소외계층이 홀로서기에 성공하여 그 결실을 다시 사회에 되돌려주는 방식을 구현할 수 있다.

자립형 복지 시스템은 장애 인식 개선을 통해 장애인의 자활 능력을 키워준다. 즉, 정부나 지자체, 또는 독지가들이 복지 수혜자들에게 '고기를 잡아주는 것'이 아니라 복지 단체와 수혜자들이 스스로 '고기잡는 방법'을 개척해 자립해나가는 시스템이다. 수익구조를 만들어 자립이 가능한 선순환 시스템을 구축할 수 있다.

차별 없는 세상으로 가는 길

2020년 보건복지부와 통계청이 발표한 '2020 통계로 보는 장애인의 삶'에 따르면 장애인 취업률은 34.9%로 전체 인구 취업률 60.7%의 절반 수준으로 장애인 취업률은 여전히 낮다. 장애인 노동자들은 비장애인이라면 겪지 않을 문제까지 겪고 있었다. 이들은 많은 노동자가 겪는 장시간 노동 등의 문제 외에도 장애인이라는 이유로 낮은 임금을 받거나, 비장애인 중심의 환경 구조와 업무 형태, 그리고 의사소통 과정에서 어려움을 겪고 있다.

장애를 가진 사람들은 살아가면서 이 세상이 자신들을 위해 만들어져 있지 않다는 고통스러운 사실에 마주한다. 장애 그 자체로 불편함과 고통을 초래하는데 그보다 더한 고통은 사회의 부정적인 시선과 차별, 무시다. 더 이상 장애인의 문제는 개인이 해결해야 할 문제가 아니다. 더불어 함께 사는 세상을 위해 사회가 함께 풀어가야 할 숙제다. 무엇보다 장애인 당사자가 정책의 주체가 되어야 한다.

장애인에 대한 배려와 포용성을 보장하기 위해 할 수 있는 일은 무엇일까?

첫째, 인식 개선이 필요하다.

장애인은 단순한 돌봄이 아닌 지원이 필요하며 동정이 아닌 존중이 필요하다. 장애가 있는 사람은 타인이 자신을 돌봐주거나 도와주기를 기대하지 않는다. 진정으로 원하는 것은 자기 자신을 돌볼 수 있는 수단과 정당하게 자신의 권리를 행사할 수 있는 차별 없는 사회 환경이다. 그리고 다른 사람들과 같은 기회와 권리, 자유와 평등을 원한다.

둘째, 장애인도 소비자다.

가끔 장애인도 소비자가 맞는지 의문이 든다. 돈이 있어도 환영받지 못하는 환경 탓이다. 비장애인들은 두 발로 쉽게 계단과 턱을 올라갈 때, 휠체어 바퀴가 올라갈 수 없어 돌아서야 한다. 차이에만 집중하고 제한하면 그것은 명백한 차별이다. 따라서 장애에 대한 인식 개선은 한국 사회가 나아가야 할 첫 번째 단계라고 할 수 있으며 이에 진정한 베리어프리가 이루어져야 한다.

셋째, 정부와 공공기관은 공적 서비스를 제공하는 건물에 대한 접근을 쉽게 하고, 서비스 이용에 제한이 없게 만들어야 한다.

넷째, 장애 아동을 위한 적절한 지원과 교육과 훈련을 통한 자활 프로그램을 발굴한다.

다섯째, 국가가 사회적인 약자에 대한 정책을 세밀하게 시행하고, 꾸준한 공공 홍보를 통해 장애에 대한 국민의 인식 개선에 적극적으로 나선다.

02

우리는 행복하게 살고 있는가

국가별 행복지수, 우리나라는?

UN은 매년 3월 20일 세계 행복의 날이 되면, 국가별 행복지수를 채점한 세계행복지수를 발표한다. UN 산하 자문기구인 지속가능발전해법네트워크SDSN가 공개한〈2021 세계 행복보고서〉에 따르면, 2020년 한국의 행복도 순위는 전체 95개국 중 50위로 매겨졌다. 점수는 10점 만점에 5.793점이다.

세계 10위 경제 대국인 한국에서 국민 삶의 만족도는 OECD 최하위권으로, 근무 환경이나 생활 환경 면에서 한국은 OECD 국가 가운데 비교적 삶의 질이 낮은 것으로 나타났다. 고령화 속도가 OECD 최고 수준인 한국은 노인 빈곤율도 가장 높은 것으로 나타났다.

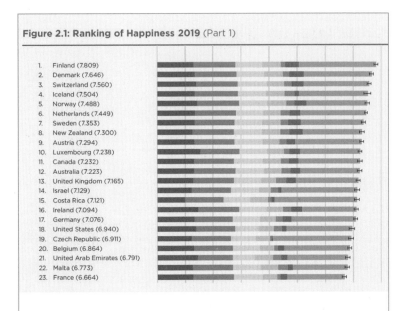

Figure 2.1: Ranking of Happiness 2019 (Part 1)

1. Finland (7.809)
2. Denmark (7.646)
3. Switzerland (7.560)
4. Iceland (7.504)
5. Norway (7.488)
6. Netherlands (7.449)
7. Sweden (7.353)
8. New Zealand (7.300)
9. Austria (7.294)
10. Luxembourg (7.238)
11. Canada (7.232)
12. Australia (7.223)
13. United Kingdom (7.165)
14. Israel (7.129)
15. Costa Rica (7.121)
16. Ireland (7.094)
17. Germany (7.076)
18. United States (6.940)
19. Czech Republic (6.911)
20. Belgium (6.864)
21. United Arab Emirates (6.791)
22. Malta (6.773)
23. France (6.664)

국가별 행복지수 상위권 순위. 막대그래프 색깔별로 왼쪽부터 국내총생산, 사회적 지원, 기대 수명, 사회적 자유, 관용, 부정부패, 미래에 대한 불안감에 대한 배점을 의미한다. 우리나라는 50위로 표에는 없다.

1위는 10점 만점에 7.809점을 받은 핀란드로 3년 연속 세계에서 가장 행복한 나라로 꼽혔다. 핀란드가 1위를 유지하는 비결로는 촘촘한 사회안전망과 폭넓은 복지체계를 꼽을 수 있다. 특히, 코로나19가 세계 각국으로 확산되는 상황에서도 지역사회 공동체 간 서로를 돕는 구성원의 의지가 높은 것이 행복지수 향상에 반영된 것으로 분석할 수 있다.

OECD 국가들의 행복을 설명하는 요소로는 안정된 삶과 공평한 소득 분배가 있다. 안정된 삶은 고용 안정을 의미하는 것으로 사회가 건강하고 신뢰할 만하며 사회적 자본이 잘 확충되었다는 것을 뜻한다. 공평한 소득 분배는 체계적인 제도 속에서 공정하게 분배가 이루어진다는 뜻이다. 이로 인해 빈곤한 사람의 수가 적고, 성차별이나 장애인 차별 같은 각종 차별이 줄어들어 전반적으로 국민의 행복 수준이 높다는 것을 보여준다.

우리는 핀란드, 덴마크, 노르웨이 같은 북유럽 복지국가들의 행복 지수가 높다는 데 주목해야 한다. 반면, 경제 대국인 미국과 영국의 행복지수는 중·하위권에 속한다. 국가가 복지제도를 가장 많이 축소하고 있으며, 경제 사회의 양극화가 심화되고 있으니 국민이 행복할 리가 없다.

미국은 경제와 복지가 서로 상충한다. 복지는 주로 선별적 복지 체제에 의존하고 있으며, 세금을 내는 계층과 복지 혜택을 받는 계층이 뚜렷이 구분된다. 복지는 계속 축소되고 있으며, 중산층의 조세 저항이 심각하며, 만성적으로 재정은 적자다. 미국처럼 경제와 복지를 대립적 이분법으로 제도화하는 나라는 경제와 복지가 함께 추락할 수 있다.

생애 전 과정에 걸쳐 기본소득**양육수당, 아동수당, 실업급여, 청년수당, 장**

애인연금, 기초연금, 국민연금 등과 사회 서비스**보육, 교육, 의료, 요양, 돌봄** 등를 보장받는 보편적 복지가 제대로 제도화된다면 기꺼이 세금을 더 낼 것이다. 복지국가에서는 성장과 분배가 조화를 이루기 때문에 빈부 격차가 적고, 인간의 존엄성이 잘 지켜진다.

이런 나라에서 국민은 행복해진다. 행복해지려고 노력하는 모든 사람에게 제도적 지원이 주어지고, 곤경에 처한 사람에게는 도전할 기회가 균등하게 주어진다.

인간은 누구나 행복해지길 원한다. 국민의 행복이라는 추상적인 감정을 국가는 인권이나 자유, 평등, 시민 참여권 등 '행복의 조건' 으로 삼고 제도화해야 한다. 그러려면, 보편주의 원리에 따라 경제와 복지가 유기적으로 통합되어야 한다. 모든 국민이 삶의 주체가 되어 존중받고 연대하면서 함께 참여하는 제도적 조건을 갖춰야 한다.

세계 최고 자살률

우리나라는 36년간의 일제 강점기와 해방 직후 동족상잔의 비극인 전쟁까지 겪었지만, 초고속 경제 성장으로 '한강의 기적'을 이뤄냈다. 그러나 반짝이는 네온 불빛 이면에는 2003년 이래로 쭉 OECD 자살률 1위라는 어두운 그림자가 자리하고 있다. 각종 언론은 매일 한국의 자살률이 OECD 34개 회원국 중 1위이며, 오늘날까지 최고치를 유지하고 있다고 발표한다. 통계수치만 본다면, 현재 우리나라에서는 매일 40명이 자살로 죽어가는 중이다.

특히, 고령화 증가율이 OECD 국가 중 가장 빠른데, 출산율도 가장 빠르게 하락하고 있다는 점은 심각한 사회 문제다. 인구 감소에 직면할수록 노동력을 유지해야 하는데, 자살로 인한 인구 감소가 사회·경제적 비용 손실까지 합쳐서 갈수록 늘어가고 있다. 자살에 따른 연간 경제적 손실도 6조4,800억 원에 이른다.

통계청 조사에 따르면, 우리나라 국민의 10분의 1이 자살을 생각한다고 한다. 현재 자살은 우리 국민의 사망을 설명하는 데 네 번째로 중요한 요인이다. 10대에서 30대까지 사망 원인 1위가 자살이며, 40대와 50대에서도 두 번째로 큰 비중을 차지하는 사망 원인이 자살이다.

자살률은 OECD 국가 평균의 3배이며, 고령자 자살률은 5배로 유럽 노인 1명이 자살할 때, 우리나라 노인은 5명이나 자살한다. 실직과 노후 불안정으로 경제적 난관에 부딪히자 더 이상 삶의 희망이 보이지 않는다고 생각해 극단적인 선택을 하고 만 것이다.

여전히 우리 사회는 자살에 대해 삶의 의지가 부족하고 나약해서 발생하는 사건이라며, 개인의 문제에서 그 원인을 찾는다. 똑같은 상황에서 모두가 같은 선택을 하지는 않는다. 힘든 상황에서도 극단적 선택을 하지 않고, 극복해가는 사람들이 있다. 그러나 자살의 원인을 개인에서만 찾는다면, 사회구조적인 문제들을 바람직한 방향으로 개선해나갈 기회를 잃게 된다. 개인을 자살로 내모는 사회 문제를 외면해서는 안 된다.

자살에 대한 부정적인 사회적 편견으로 인해 자살률 수치가 낮게 보고되기도 한다. 그러나 자살은 개인의 문제가 아니라 사회 문제다.

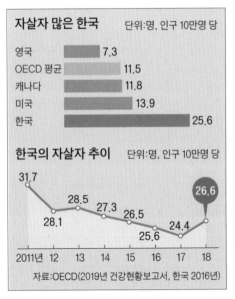

프랑스의 사회학자 에밀 뒤르켐은 1897년에 발표한 저서 《자살론》에서 "자살은 엄연한 사회 현상이며 자살의 원인 역시 사회적"이라고 지적했다.

현재 우리나라 국민은 전 연령에 걸쳐, 우울증부터 크고 작은 정신적 스트레스로 사는 게 힘들다고 토로한다. 급속한 고령화와 저출산, 무한 경쟁으로 치닫는 사회 속에서 각종 문제에 노출된 우리 아이들까지, 마음의 병은 깊고 해결해야 할 문제는 산더미다. 자살의 원인은 정신적인 문제가 1위를 차지하는데, 경제적 어려움이나 육체적 고통에서 오는 경우가 대부분이라고 한다. 그러므로 사회적 약자들을 위한 안전망 구축이 절실하다.

행복의 조건

행복한 삶의 질 지표는 그 나라의 출산율과 자살률을 보면 알 수 있다. 행복한 나라에서는 아이들이 많이 태어나고, 불행한 나라에서는 자살이 많이 일어난다. 불행히도 우리나라는 이 두 지표에서 OECD 국가 중 꼴찌와 1위에 속한다.

국가가 국민의 행복을 추구한다면, 대한민국은 OECD 기준으로 보면 '실패한 국가'다. 민주주의의 발전과 놀라운 경제 성장 속도에도 불구하고 우리의 성공에는 가장 중요한 요소가 빠져 있다.

우리는 성공했지만, 왜 행복하지 않은가?
풍요롭지만, 어째서 삶의 질이 낮은 것일까?

성공했지만 불행하고, 풍요롭지만 삶의 질이 낮다는 것이 현재 대한민국의 현실이다. 고도 성장기에 우리를 압도했던 경제 성장 우선주의는 국민이 더 나은 삶을 살게 하려는 수단일 뿐, 행복한 삶을 선물로 주지는 못했다.

유럽 국가가 두 세기에 걸쳐 이룬 민주화와 산업화, 복지국가라는 역사적 성과를 우리나라는 불과 30여 년 만에 달성했다. 그 과정에서 발전국가에서 시장만능주의 국가로 변화되었다.

치열한 경쟁 사회에서 열심히 살면 행복해지고 잘살 수 있을 거라고 믿었다. 그러나 외환 위기 이후 열심히 사는 것만으로는 행복해질 수 없다는 걸 깨닫게 되었다. 경쟁적인 교육 시스템과 불안정한 고용, 일자리 부족으로 양극화가 심화되면서 이를 바로잡고자 복지정책이 요구되었다.

그 결과, 국민기초생활보장법이 제정되었으며, 4대 사회보험의 확립과 사회 서비스의 제도화 등 상당한 성과를 거두었다.

그러나 우리나라의 공공 사회지출은 2019년 GDP 대비 12.2%로 OECD 전체 평균인 20.0%에 비해 낮은 수준으로 38개 회원국 가운데 35위다. 복지 지출 비율이 현저히 낮은 이유는 복지제도의 역사가 짧아 수급자가 적거나 중복 지원과 사각지대가 다수 존재하기 때문이다.

하지만, 희망이 보인다.

복지 지출의 증가 속도가 어느 나라보다 빠르다는 점이다. 우리나라의 1990년 대비 2019년 복지 지출 비중은 4.1배 증가했는데, 이는 OECD 회원국 중 1위다.

프랑스는 OECD 국가 중 국민부담률46.1%과 GDP 대비 복지지출 비율31.1% 모두 가장 높은 대표적인 고부담-고복지 국가다. 우리나라는 복지국가의 입구에 다다르긴 하였으나, 복지 지출 면에서는 여전히 복지 후진국에 속한다.

2018년 기준 국민부담률세금+사회보장기여금이 GDP에서 차지하는 비율이 26.7%로 OECD 평균에 미치지 못하는 저부담-저복지 국가다. 하지만 복지 지출이 급격하게 확대되면서 향후 복지 지출은 물론 국민 부담도 크게 높아질 전망이다.

이제 경제 성장에서 개인의 행복으로 공동체의 가치와 목표를 전환할 때가 되었다. 향후 고령화와 복지 지출 증가에 대응해 증세 등 국민부담률을 높이기 위한 사회적 논의를 서둘러야 한다.

앞서 행복이라는 추상적인 감정을 국가는 인권이나 자유, 평등, 시민 참여권 등 행복의 조건으로 삼고 제도화해야 한다고 말했다.

우리나라 헌법 제10조에 따르면 "모든 국민은 인간으로서의 존엄과 가치를 가지며, 행복을 추구할 권리를 가진다. 국가는 개인이 가지는 불가침의 기본적 인권을 확인하고 이를 보장할 의무를 진다"라고 하였다. 누구나 행복하게 살 권리를 제도화한 것이 바로 인권시민권이다. 인권이 제도적으로 보장되지 않으면 사람들은 행복한 삶을 누릴 수 없다.

토머스 험프리 마셜Thomas Humphrey Marshall이 제시한 시민권인권은 제도화한 행복의 조건을 설명하기 좋다. 자유권, 참정권, 그리고 사회권이 바로 시민권이다.

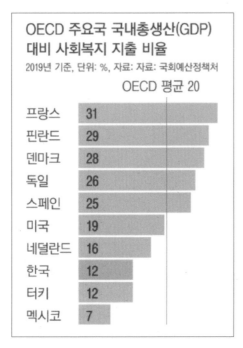

OECD 주요국 국내총생산(GDP) 대비 사회복지 지출 비율

2019년 기준, 단위: %, 자료: 자료: 국회예산정책처

OECD 평균 20

국가	비율
프랑스	31
핀란드	29
덴마크	28
독일	26
스페인	25
미국	19
네덜란드	16
한국	12
터키	12
멕시코	7

이 세 가지의 권리가 제도적으로 잘 보장되고 있을 때, 행복추구권이 제대로 작동하고, 그런 사회는 온 국민의 행복할 권리가 잘 보장되고 행복지수가 높은 나라라고 할 수 있다.

03

행복을 향한 인류의 복지 투쟁사

암울했던 국민 삶의 빗장을 푼 인류의 복지 투쟁사

인간은 자유를 보장받고 인권을 존중받으며 최대한의 평등을 누리는 삶을 꿈꾼다. 이러한 꿈의 실현은 저절로 이루어지지 않았다. 행복의 절대적 가치인 보편적 평등, 인권, 자유를 위한 모든 변화에는 투쟁이 있었고 고통과 희생이 뒤따랐다.

인류 역사의 흐름에서 복지는 정치, 경제, 사회, 문화라는 측면이 얽히고 얽혀서 풀어내기가 상당히 어려운 분야다. 인권 회복과 평등, 사회참여, 빈곤 해결 등은 경제 성장에 밀려 소외되어 왔다. 이 문제들을 개인적 책임에서 사회적 책임으로 바꾸어 내기까지는 긴 시간과 엄청난 희생을 감수해야만 했다.

역사적, 사회문화적으로 국가별 복지정책은 발전 과정과 특성이 서로 다르지만, 대체로 산업화로 인해 인간 사회에서 다양한 욕구가 나타나면서 복지가 싹트기 시작했다. 이러한 맥락에서 복지정책은 노동과 분배에 초점을 둘 수 있다. 국가는 다양한 방식으로 경제에 개입하기 시작하면서 사회적 약자를 위해 복지를 확충하고, 부자 중세와 적자 재정을 통해 실업자 구제하기에 나섰다. 이러한 노력으로 경제가 회복되는 듯 했으나 근본적인 해결책은 찾지 못했다.

코로나와 대통령 선거를 앞두고 복지 열풍이 불고 있다. 노인 인구와 저출산율 증가, 심화된 양극화 증상, 복지 사각지대 발굴 등 사회적 위기를 해결하고자 하는 흐름은 전 국민의 요구이자 권리다.
복지 선진국의 모습의 모델을 그대로 적용할 수 있는 것은 아니지만, 우리가 추구해야 할 복지국가를 다른 나라의 사례를 통해 알아보고, 우리나라 현실에 입각한 제3의 길을 모색해야 한다.

이러한 측면에서 복지 선진국들은 어떤 과정을 통해 복지를 정착시켰으며, 어떠한 복지국가를 수립했는지 알아보고자 한다. 빈곤 없는 사회로 나아가기 위해 전 국민 사회보험을 제안한 영국, 사회보험을 최초로 제도화했던 독일, 완전 고용을 꿈꾸고 실현시켜 세계 최고의 복지국가를 이룩한 스웨덴의 경우를 살펴보자.

'요람에서 무덤까지' 복지의 틀을 만든 영국

영국은 복지국가의 원조이자, 기원이다. 과거 식민지 정복 시절, 전 세계 4분의 1을 지배한 영국은 '해가 지지 않는 나라'로 유명했다. 영국에서 해가 지더라도, 다른 식민지 국가에서는 해가 떠 있었기 때문이다.

현재 우리가 배우고 쓰는 영어, 과학, 스포츠, 의회민주주의, 자본주의, 세계 표준 시간대, 산업혁명, 심지어 정장까지 말 그대로 인류의 보편 문화를 만들어놓은 엄청난 문화력과 경제력, 그리고 그것을 실현 가능하게 했던 군사력의 주인공이 영국이다. 현대 세계의 여러 방면의 표준이 영국식이 된 것도 바로 대영제국의 영향력 때문이다.

19세기 내내 흥망성쇠를 누리던 영국은 전쟁에서 독일에 밀리게 되고, 독일에 맞서는 연합군의 주도권마저 미국에 빼앗기며 점차 쇠락해진다. 당시 수상이었던 처칠은 전쟁의 폐허 위에서 암울한 시기를 보내는 영국 국민에게 복지국가라는 희망을 주기 위해 노동당 소속의 경제학자 윌리엄 베버리지William H. Beveridge에게 복지국가 수립을 위한 거대한 계획을 세우게 한다.

1942년 작성된 베버리지 보고서는 온 국민을 대상으로 사회복지 정책보다 더 넓은 범위의 건강, 교육, 의료 서비스, 주택, 고용, 가족 정책 등과 같이 사회보장을 제안했다. 현재 우리에게는 익숙하지만,

당시에는 파격적이어서 정부 각료들의 반대에 부딪히기도 했다. 당시 베버리지 보고서를 '하늘에서 내려온 선물'이라며 이 보고서를 읽기 위해 서점 앞에 줄이 즐비할 정도로 그 인기는 상상을 초월했다고 한다.

베버리지 보고서에서는 사회복지정책이 다뤄야 할 5대 사회악으로 물질적 결핍, 질병, 무지, 불결, 게으름을 제시하였다. 이런 5대 악을 해결하기 위한 정책으로 사회보장, 건강서비스, 교육, 주거, 고용 정책을 발달시켰다. 이 보고서는 이후 영국의 사회복지정책의 기틀을 잡는 기준이 되었다.

당시 빈곤에 대한 인식의 대전환이 일어났는데, 빈곤을 개인의 책임이 아니라 사회구조적 구조에 따라 누구나 언제든 처할 수 있는 상황임을 인식하고 빈곤을 향한 가혹했던 역사가 변화하기 시작했다. 포괄적인 사회보험제도를 도입하여 완전고용을 실현하는 일을 국가가 앞장서서 정책으로 실현하고 책임졌다.

영국은 국민의 최저 생활을 보장하는 것을 목적으로 다양한 사회복지정책을 발전시켜왔다. 특히, 모든 국민에게 별도의 비용 부담 없이 무상 의료서비스를 제공하는 국민보건서비스National Health Service, NHS를 가장 먼저 도입함으로써 국민의 건강 수준을 획기적으로 개선했을 뿐 아니라, 삶의 질을 크게 높였다. 또한, 주택과 교육을 보편적 사회 서비스로 시행하였다.

영국 국민은 요람에서 무덤까지 빈곤을 걱정하지 않아도 된다. 국가는 국민의 최소 생활 수준을 유지할 수 있도록 보장하고 생활 수준이 떨어지지 않도록 각종 사회보험 혜택을 제공한다. 태어나서 만 15세까지는 아동수당을 통해 건강한 성장과 교육을 지원받고, 취업 연령에 도달하면 완전고용정책에 따라 취업 지원을 받으며, 실직하면 재취업과 실업 급여를 제공받아 생계를 걱정하지 않아도 된다. 퇴직하면 노령연금을 지급받아 노후 생활을 보장받는다. 이로써 영국은 요람에서 무덤까지 국민의 최저 생활을 보장하는 복지국가를 실현하였다.

베버리지는 일방적 · 시혜적 복지가 아닌, 사회보험적 · 사회보장적 복지라는 점에서, 특히 고용과 병립해 복지 제도를 이룬다는 점에서 우리나라가 살펴보아야 할 부분이 많다.

일자리를 만드는 국가, 일하는 국민이 함께 만들어가는 국가를 지향하고 있다. 국가는 국민 개개인의 근로 의욕과 능력을 최대한 발휘할 수 있도록 돕고, 국가의 사회복지에 대한 사회보장 능력을 극대화할 수 있도록 재정적인 능력을 뒷받침해야 한다.

세계 최초로 사회보험을 도입한 독일

독일은 역사적으로 여러 번 위기를 겪었고, 20세기에는 두 번의 세계대전을 일으킨 전범국으로 분단의 아픔까지 겪었다. 이 과정에서 극심한 국가적 위기와 사회, 경제적 고통을 체험하였으며, 누구든 불행에 처할 수 있다는 것을 뼈저리게 느꼈다. 최소한의 사회적 안정망을 확충하자는 데 연대감이 형성된 것이다.

독일은 다른 선진국과 달리 산업화를 늦게 시작하였지만, 세계 최초로 사회보험을 도입하여 현재까지 서유럽 선진 복지국가와 함께 복지국가의 모범적인 모델로 인정받고 있다. 프랑스의 시민혁명으로 시민사회에 대한 인식이 높아지면서 노동자들은 불공정한 분배, 노동 착취, 열악한 노동 환경에 대해 문제를 제기하기 시작하였고, 노동 시간과 임금 등에 대해 자신들의 권리를 찾고자 하였다.

노동자는 새로운 계층이 되어 정치적 세력으로 점차 성장하기에 이르렀다. 그동안 정치, 경제, 사회에서 소외되었던 노동자 세력은 당시 기득권층이었던 신흥 부르주아에게 위협이 되었고 이에 비스마르크 정권은 노동자 계급을 자신들의 편으로 끌어들이기 위해 '사회입법' 즉, 사회보험 정책을 실시한다. 독일의 사회정책은 전통적 사회에서 산업화로 이행하면서 나타난 양극화, 불평등, 생존권 보장, 빈곤 문제에 대한 해결책으로 등장하였다.

이렇게 등장한 사회보험의 주 대상자는 노동자 계급이었고, 그 재정은 자본가, 노동자, 국가 삼자가 부담하였다. 사회보험은 자선의 의미를 가진 빈민법과는 달리 복지 개념에 어느 정도 부합하였으므로 진정한 의미에서의 사회복지정책이 이때부터 시작된 것이라고 할 수 있다.

사회보험은 노동자가 실업, 질병, 산재를 당했을 때 사회적으로 보호하는 것으로 국가마다 다르지만, 노동자 계급을 보호하여 사회 불안을 줄이고 안정된 사회적 기반을 구축한다는 공통점이 있다. 노동자에게 문제가 발생했을 때 국가가 책임을 진다는 점에서 복지국가를 향한 출발점이 될 수 있다.

비스마르크가 1883년에 도입한 세계 최초의 사회보험은 의료보험이었다. 질병에 걸린 노동자를 무상으로 치료하고 질병 수당을 주는 것으로 지역 및 직장별로 운영하고 국가가 감독하는 시스템을 구축하였다.

1884년 산재보험은 육체노동자와 저임금 화이트칼라 종사자들을 대상으로 업무상 재해가 발생했을 경우 사용자 책임을 확립하기 위해 사용자의 보험료 부담으로 운영하였다.

1889년 노령 및 폐질보험 **상해보험**을 도입하여 정액 기초연금을 국가가 직접 제공하였다. 소액이라도 국가로부터 연금을 받게 되면 고마움을 느끼게 되어 충성심을 이끌어낼 수 있다는 판단에서였다.

독일은 사회보장제도 덕분에 각종 혜택을 많이 받는데, 여기에는 엄청난 규모의 비용이 발생한다. 복지 제도를 유지하려면 개인과 자본가는 높은 세금을 내야 한다. 따라서 세금을 많이 내고 혜택을 많이 받는 방식으로 사회보험을 유지한다. 소득이 높을수록 소득세율이 올라가서 더 많이 내는데, 월급의 절반을 세금으로 낸다고 보면 된다.

그런데도 사람들은 불평불만을 터트리지 않는다. 세금 부담이 다른 곳으로 새지 않고 다 자신에게로 돌아온다는 믿음이 있기 때문이다. 실제로 독일인은 하고 싶은 일을 즐기면서 여유롭게 산다. 젊어서 부지런히 일하고 나이 들어서 많은 연금을 받음으로써 젊음을 보상받는데, 이는 사회를 안정화시키는 데 중요한 요소이기도 하다.

보편 복지로 복지 천국을 이뤄낸 스웨덴

스웨덴은 19세기 후반까지만 해도 전체 인구의 약 25%가 해외로 이주할 만큼 유럽 국가 중 가장 가난한 나라였다. 매년 6개월은 춥고 어두운 겨울이며, 암반 국토로 인해 농작이 어려워 감자가 주식인 악조건을 가진 나라였다. 두 차례의 세계대전을 지켜본 스웨덴은 전쟁에 대한 반동으로 복지를 택했다. 거기에는 역경을 극복하고자 하는 국민들의 굳건한 공동체 의식이 있었다.

특히, 1930년대에 급격한 출산율 감소를 겪으면서 인구문제를 해결하는 과정에서 예방적 사회정책이라는 보편적 복지 개념을 도출했다. 하지만 스웨덴식 복지정책은 1990년대 경기 침체를 겪으며 빨간불이 켜졌다. 경제 성장률이 정체되고 실업률은 10%까지 치솟았다. 스웨덴은 지속 가능한 복지를 위해 꾸준히 복지 개혁과 재정 개혁에 나섰다.

1928년 사민당 당수였던 한손Per Albin Hansson은 의회 연설을 통해 '국민의 집 인민의 집, 국민의 가정, Folkhemmet; People's Home'을 처음 언급함으로써 복지는 더 이상 개인이 아니라 국가가 책임져야 하는 영역임을 공식적으로 선언하였다.

스웨덴을 세계 최고의 복지 선진국으로 이끈 힘은 "국가는 모든 국민의 좋은 집이 되어야 한다"라는 복지 이념이자 정신이다. '국민의 집' 개념은 이른바 스웨덴식 사회주의의 시작으로 스웨덴 국민이 추구하는 진정한 계급 투쟁의 결과라고 말할 수 있다. 스웨덴의 복지정책이 성공한 이유는 안정된 정치 구조 덕분이었다.

사민당을 필두로 한 좌파 진영은 필요하면 자유주의적인 개혁 조치들도 서슴지 않았다. 양보와 타협으로 중산층까지 포섭하는 통 큰 정치를 보여줬다.

국민 삶의 구석구석에 보편주의와 평등주의 정신을 구현하고자 스웨덴은 꾸준히 노력하였다. 동등한 자유와 권리를 모두에게 보편적으로 부여해야 한다는 신념을 공유하면서 "모든 아이는 모두의 아이"라는 아동 복지의 비전을 발전시켰다. OECD 주요 회원국 중 GDP 대비 아동 관련 지출 비율이 영국 다음으로 높은 나라이기도 하다.

가장 앞선 탈시설로 장애인의 자립 생활을 가능케 하여 현존하는 국가 중 장애인이 가장 살기 좋은 나라로 손꼽히기도 한다. 또한, '왕자도 아동수당을 받을 정도'의 보편적 복지로 잘 알려져 있다.

보편적 사회 서비스는 공적서비스를 이용하는 데서 오는 빈곤, 수치심, 열등감, 낙인을 주지 않는다. 또한, 결과적으로 인간의 존엄성 보장 및 기회의 실질적 평등을 보장해 준다는 점에서 선택적 사회서비스보다 더 좋은 제도로 인정된다.

스웨덴 복지의 기본 목표는 국내에 거주하는 모든 사람**자국민뿐만 아니라 1년 이상 거주한 외국인 포함**에게 식량, 주택, 기본 생필품 등에서 최저생활 수준을 보장하고 질병, 실업 등의 어려움에 처할 경우 재정적 지원을 제공하는 것이다. 그러기 위해 높은 누진과세와 각종 보조금 제도를 통해 각 계층의 수입을 재분배하여 빈부의 격차를 좁혀 공평한 행복 생존권을 부여한다.

스웨덴의 사회복지 제도는 1891년 제정된 국민건강보호법을 시초로 1901년 직업상해보험, 1913년 보통연금, 1931년에는 병가수당을 도입했다. 1932년 이래 수년간을 제외하고 계속 집권해온 사민당은 모든 시민을 대상으로 한 보편적인 사회복지 체제를 확립했다.

실업 급여, 상병 급여 같은 현금 복지의 소득대체율은 하향 조정하고, 대신 일자리 창출 효과가 큰 사회 서비스 복지는 유지했다. 세수 증대 효과는 미비하면서 부자들의 투자 의욕만 꺾는다는 비판을 받은 상속·증여세와 부유세는 폐지했다. 대신 고세율의 소비세는 유지해 재정 안정을 도모했다.

1947년 국민기본 연금법 및 아동수당법 제정 이후 1950년대 및 1960년대에 소득에 따른 차등연금제 및 병가 혜택의 확대와 이후 출산보험, 탁아시설, 사회구호 제도로 급속히 발전했다.

스웨덴에서는 어려서는 아동수당과 무료 교육을 제공하고, 부모가 보험을 드는 형식으로 남녀 모두 480일간 유급 육아휴직을 쓸 수 있다. 성인이 되면 부모의 도움 없이 독립할 수 있도록 학비나 생활비를 제공한다. 65세가 되면 국가로부터 노령연금을 받는다. 스웨덴은 육아, 교육, 노후, 노동, 성평등 등 모든 방면에서 뛰어난 복지정책을 만들고 평등한 사회를 이루었다는 평가를 받는다. 스웨덴 복지 시스템을 가능케 하는 복지 재정은 국가 예산 중 약 1/3을 차지한다.

04

선진 복지국가로 나아가는 길

북유럽이 세계 최고의 복지국가가 된 이유

우리나라의 복지 부분 지출이 꾸준히 늘어나고 있다지만, 아직 선진국을 따라잡기엔 멀었다. 지역 불균형 인구 구조에 따른 저출산, 고령화와 지역 간 불균등 악순환이 반복되고 있다.

그러나 북유럽 선진 국가는 2008년 세계 금융위기를 성공적으로 극복해낸 이후, 혁신적인 경제 발달과 지역 간 고른 분배와 균형을 달성하면서 성공적인 복지국가의 길을 가고 있다.

유럽에서 복지 선진국을 꼽으라고 한다면, 노르딕 복지 모델을 언급할 수 있다. 스웨덴, 노르웨이, 덴마크, 핀란드, 아이슬란드가 노르딕 다섯 국가에 해당한다. 이들 북유럽 국가들은 사회 청렴도가 높고 언론의 자유와 같은 사회 및 정치지표를 나타내는 조사에서 늘 최상위권에 올라 있다.

영미식 자본주의 모델에 한계가 있다는 문제의식에서 나온 것으

시장경제를 따르지만, 그 과정에서 나타나는 문제를 해결하기 위한 사회보장체계에 집중한다. 지구상에서 손꼽히는 복지국가이자 행복한 선진국으로 손꼽히는 나라들이다.

그렇다면, 이들 국가는 어떻게 성공한 복지국가의 길을 가게 된 것일까? 성장과 복지, 지역 간 균형이라는 세 마리 토끼를 한번에 잡은 비결은 무엇일까?

글로벌 시대를 맞아 많은 전문가가 미국의 신자유주의 경제 시스템이야말로 현대 사회에 적합하다고 내다봤다. 북유럽처럼 고부담을 강요하면 노동 의욕을 잃거나 해외로 기업과 인재가 유출될 것으로 예측했다. 실제로 1990년대 북유럽 복지국가는 위기를 겪었다.

그러나 버블 경제 침체를 성공적으로 극복하고 난 이후, 북유럽은 낮은 인플레이션률, 양호한 고용률, 비교적 양호한 경제 성장률을 보이며 여러 경제지표에서 최상위권의 성적을 기록했다.

2021년 UN 산하기구인 세계지적재산기구가 발표한 세계혁신지수 Global Innovation Index에 따르면, 132개국을 대상으로 진행된 평가에서 스위스, 스웨덴, 미국, 영국이 전년에 이어 1위부터 4위를 차지했다. 세계 혁신을 주도하는 두 그룹을 꼽으라면 북유럽과 미국이라고 할 수 있다.

참고로 한국은 5위, 싱가포르가 8위, 중국과 일본이 각각 12위, 13위였다. 우리나라는 지난해보다 5계단 상승하며 상위 20개국 중 혁신 역량이 가장 많이 개선된 국가로 평가됐다.

오늘날과 같은 지식 기반 경제에서는 미국보다 오히려 북유럽이 더 우위를 차지하고 있는데, 그 이유는 급진적 혁신은 개인이나 기업이 부담하기엔 위험이 크기 때문이다. 북유럽은 질 높은 숙련과 교육, 꼼꼼하게 짜인 사회안전망, 혁신을 촉진하는 적극적인 공공정책이 뒷받침되었기 때문에 장점이 더 많을 수밖에 없다.

특히, 대도시 중심이 아닌 지방을 산업과 경제 발전 정책의 핵심 지역으로 선정하고 운영하였다. 처음부터 지역을 기반으로 혁신 체제를 구축함으로써 지역 간 격차가 낮아 균형 있는 발전을 도모할 수 있었다.

선진 복지의 비결은 지방자치

"국가는 삶의 큰 문제를 다루기에는 너무 작고, 작은 문제를 다루기에는 너무 크다."

미래학자 대니얼 벨Daniel Bell은 국가 차원에서는 각 지역에서 일어나는 일들과 주민 생활에 밀접한 민원을 모두 다루는 데 한계가 있으므로 지방자치를 확대해야 한다고 말했다. 20세기 후반부터 선진 복지국가는 효율적인 국가 운영을 위해 지방자치를 강화하는 방향으로 정책 노선을 잡기 시작했다.

오늘날 가족 해체, 여성의 사회참여, 고령화 사회로 인해 육아, 노인 부양, 고용 등 개인이 해결하기 어려운 사회 문제가 부상하고 있다. 이런 구체적인 문제는 직접적인 서비스를 통해 해결해야 한다.

따라서 중앙정부가 획일적으로 제공하기보다는 지방정부가 적재적소에 맞게 제공하는 것이 효과적이다. 이런 이유로 1970년대 이후부터 복지서비스를 지방정부에 이양했다. 특히, 보편적 복지와 높은 수준의 지방자치로 잘 알려진 스웨덴은 코뮌이라는 기초지방자치단체가 보육, 탁아소 운영, 교육, 노인 및 장애인 복지서비스 등 사회보험을 제외한 대부분의 복지 시스템을 운영하고 책임진다.

따라서 대부분의 예산을 자체적인 주민소득세로 쓰고, 나머지는 정부의 지방교부금으로 충당한다. 지역 간 경제력의 차이가 있어서 발생하는 격차는 정부가 따로 균형분배기금을 조성하여 낙후된 지역에 지원한다.

지방정부의 책임성을 강화하려는 조치로 지방정부는 중앙정부가 정한 법령이나 규정 즉, 분야별 사회서비스법, 건강 및 의료서비스법, 학교법 등을 준수할 의무가 있다. 이로써 중앙과 지방 간 분권과 통제의 적절한 조화를 이룬다. 이러한 시스템은 복지국가 안에서 효과적인 지방자치의 발전을 잘 보여주고 있다.

복지국가의 세 가지 유형

유럽의 많은 국가를 비롯해 미국, 캐나다, 호주, 일본 등 많은 나라가 선진 복지국가를 향해 나아가고 있다. 국가마다 역사적 배경과 유산에 따라 자국에 최적화된 복지국가 전략을 수립하기 때문에 다양한 정의가 가능할 것이다. 국민의 피땀 어린 세금으로 국가를 운영하면서 아무런 근거나 목표 없이 정책을 펼치지 않기 때문이다.

복지국가의 목표는 무엇일까?

복지국가 간 주요 특성을 보면 공통점과 차이점이 있는데, 역사 제도적 유형에 따라 자유주의 복지국가, 보수주의 복지국가, 사회민주주의 복지국가라는 세 가지 유형으로 분류할 수 있다.

'복지국가체제론'이라는 새로운 학술적 지평을 열어젖힌 에스핑-안데르센Esping-Andersen은 1990년에 《복지자본주의의 세 가지 세계 The Three Worlds of Welfare Capitalism》라는 저서에서 해답을 제시하였다.

첫째, 자유주의 복지국가가 있다.

영국, 미국, 호주 같은 영어권 국가가 속한다. 엄격한 자산 조사를 통해 빈곤을 해결하는 데 중점을 둔다. 낮은 수준의 복지급여, 미달된 사회보험이 특징이다. 특히, 복지는 개인과 가족의 책임이라고 구분지었다. 시장에 참여하는 다수의 국민과, 지원금에 의존하는 국민으로 나뉘기 때문에 양극화가 심하다.

자유시장의 역동성을 중요시하므로 복지와 고용에 관해서 국가의 개입을 최소한으로 한다. 따라서 노동시장이 유연하며 기업이 일자리를 창출하는 데 여유롭다. 국내총생산 대비 사회 지출이 25~30% 선에 이르는데, 다른 복지국가에 비해 약 20% 정도의 수준으로 '작은 복지국가'를 선호한다.

공공부조로 가난한 사람들의 최저 생계를 보장하는 등 주로 선별 복지를 한다. 이에 따라 수혜자에게 부정적이고 수치스러운 낙인이 찍히고, 국민 대부분이 시장 복지를 통해 사적인 민간 보험을 든다. 결과적으로 매우 취약한 복지 체제라고 볼 수 있다.

둘째, 보수주의 민주국가다.

독일, 네덜란드, 이탈리아, 프랑스 같은 서유럽 국가가 속한다. 시장에서의 역할과 지위를 바탕으로 국가는 의무적으로 사회보험제도에 국민을 가입시켜 운영한다. 의무적이라는 점에서 자유주의 복지보다 발전적이지만, 개인 서비스가 시장의 위치에 따라 비례하므로 보수주의적이라고 볼 수 있다. 보육이나 육아 시스템을 가족 중심적으로 유지한다.

고용에 따라 복지제도의 혜택을 받을 수 있어 노동자가 노동시장으로부터 이탈하지 않기 때문에 노동시장의 구조가 매우 경직되어 있으며, 노조를 중요시 한다. 실업이나 퇴직과 같은 사회 문제를 사회보험을 중심으로 한 현금 지급 위주로 해결한다.

사회보험의 역사와 전통이 길고, 사회보험이 복지의 주된 틀이다. 따라서 노동시장의 성과가 이후 복지 혜택 수준으로 고스란히 이어지며, 계층 질서가 보수적으로 유지된다. 과거에는 강한 노조에 휘둘렸지만, 세계화 속에서 노동 개혁을 통해 유연해지면서 고용과 복지간의 부담을 개선 중이다.

셋째, 사회민주주의 복지국가다.

사민주의형은 스웨덴이 대표적이며, 노르웨이, 덴마크, 핀란드 등 북유럽 국가들이 속한다. 전 국민을 대상으로 하는 보편적 복지가 발달하여 누구에게나 혜택을 보장하는 관대함이 있어서 사회적 연대가 높다. 보육, 교육, 보건, 간병, 양로 등 생애 전반의 복지 욕구에 대해 전 국민 대상의 서비스 복지가 발달하였다.

사회적 평등에 입각하여 국가가 평등주의를 기반으로 균일하게 지급하는 단일보험 급여제도와 시장 고임금자의 기피를 막기 위해 고안한 소득비례 보험제도를 동시에 운영한다. 완전고용을 실현하기 위해 여성의 경제 참여를 독려하고, 보육 서비스가 잘 발달되어 있다. 대기업 노조의 양보를 통해 노동시장 참여자 모두가 편하게 일자리를 찾고 유지할 수 있는 이른바 노사 평화 지대로 유명하다.

위기를 극복할 한국형 복지체제는?

현재 우리의 위기를 잘 극복할 수 있고, 우리의 현실에 잘 맞는 복지체제는 어떤 유형일까?

앞에서 살펴본 복지 선진국의 복지 개혁과 변화는 복지국가를 지향하는 우리에게도 많은 시사점을 안겨준다. 제3의 민주화 물결 이후 미국의 영향을 많이 받은 우리나라는 복지가 발전 중인 나라로 자유주의에서 보수주의로 향해 가는 중이다.

보통 복지국가의 역사는 민주주의와 자본주의의 역사와 같이한다. 광복 이후 우리나라가 경제를 발전시킨 것은 60여 년 정도이고, 민주주의 역사도 짧다. 복지에 관심을 가진 것은 20여 년 남짓이어서 우리나라의 복지 역사는 상당히 짧은 편에 속한다.

우리나라는 아주 오래전부터 경제적 성장과 가치를 사회적 가치 앞에 두고 성장해왔다. 경제가 성장해야 빈곤과 사회 문제가 따라서 해결된다는 전제하에 모든 정책이 펼쳐진 것이다.

1997년 외환 위기를 계기로 성장을 위한 '당근'에 불과했던 복지가 분배의 차원에서 본격적으로 싹 틔우기 시작한다. 주로 공무원과 대기업 근로자 중심의 사회보험을 취약계층을 포함한 전 국민으로 확대하여 기초생활보장이라는 새로운 공공부조 제도를 도입함으로써 초기 복지국가의 형태를 갖추기 시작했다.

특히, 코로나로 '기본소득이냐, 선별복지냐' 하며 복지 열풍이 불기 시작하면서 전 국민이 관심을 가진 것은 최근 들어서다. 기본소득은 경제와 복지정책을 아우르는 21세기형 사회정책이다. 빈곤·산업재해·질병·노령·실업 등의 사회적 위험에 대비하고 각종 사회적 문제를 해결하려는 정책으로 국민 생활의 질을 향상시키는 데 일차적 목표가 있다. 재난지원금이 정치적 이슈가 되고, 전 국민의 뜨거운 감자가 된 것은 양극화가 점점 심해지면서 기존 복지 시스템이 이에 응답하지 못했기 때문이다.

현재 우리나라는 자유주의와 사민주의의 문제점을 보완하고, 장점을 살리는 제3의 유형으로 발전하고 있다. 직접적인 소득 보장을 보편적으로 제공하진 않지만, 적극적인 노동정책과 투자 확대를 강조하는 모델이다.

최저생활 보장에서 나아가 다양한 사회적 위험에 대처하여 개인의 자립과 사회 참여를 유도하며 자아 실현을 보장하는 복지사회 구현이 요구된다.

05

한국형 복지정책, 어디까지 왔나

선별주의 vs 보편주의

우리나라의 기초생활보장제도는 대표적인 선별주의 사회복지라고 할 수 있다. 선별주의는 생활이 곤란한 특정 집단에 한하여 수급 자격을 부여하고, 최저 수준에 맞춰 급여를 지급한다. 선별주의는 복지 서비스가 필요한 사람에게 집중적으로 지원하기 때문에 세금 낭비가 적고 효율성이 높다. 이 서비스를 이용하려면 부양의무자 없이, 소득과 재산이 일정 수준 이하이거나 근로 능력이 없어서 일할 수 없다는 상황을 증명해야 한다.

장애연금은 중증 장애인이면서 일정 기준 이하의 소득과 재산을 가진 장애인을 대상으로 하고, 기초노령연금도 일정 기준의 연령, 소득, 재산 기준이 있으며 부양의무자가 없을 때 우선 지원한다.

따라서 빈곤과 무능력함을 증명해야만 급여가 제공되므로 수치심을 줄 수 있고, 사회적 낙인이 찍힌다. 생계를 위해 고용주, 친족의 부당한 처우를 감내해야 하는 상황이 오기도 한다. 이로 인해 양극화를 초래하며 사회 통합 면에서 좋을 것이 없다.

한편, 보편주의 사회복지는 정부가 모든 구성원에게 복지 서비스나 재정적인 원조를 제공하는 것으로 보편적으로 누릴 수 있는 권리다. 전 국민의 최저소득을 보장함으로써 빈곤을 예방하고 균등한 혜택이 돌아가도록 정책을 시행한다. 무상급식이나 무상보육 등이 해당한다. 국가에 사회보험료를 납부하고 욕구별로 급부를 받거나 서비스를 이용하는 형태도 해당한다. 평등성, 접근성, 편익성이 높고 수혜대상자의 낙인 효과가 없다는 장점이 있다. 그러나 대상이 전 국민이다 보니 한정된 자원에서 비용이 많이 들어가므로 자원의 효과적인 사용에 있어 효율성이 낮다. 복지 의존도 증가, 무임승차와 같은 낭비, 고소득자에 대한 불필요한 복지급여를 제공한다는 단점이 있다.

따라서 선별주의의 가장 큰 장점은 비용 절감과 소득 재분배이며, 보편주의의 가장 큰 장점은 사회 통합이다. 그러나 보편주의도 보편적이고 광범위한 예방 홍보 교육을 통해 장기적으로 오히려 비용을 절감할 수 있다. 특히, 조세를 통한 환수를 통해 부자에게 지급된 급여를 세금을 통해 다시 되돌려받음으로써 소득 재분배 효과를 높일 수 있다. 선별주의도 필요한 사람들에게 표적화된 급여를 제공함으로써 소득 불평등뿐만 아니라 사회 전체의 불평등을 감소시켜 사회 통합을 이룰 수 있다.

코로나19로 인해 우리나라도 보편주의 복지정책을 이상적으로 극대화한 '기본소득'을 지급하였다. 이렇게 소득을 보장하는 목표는 모든 개인에게 어떤 조건도 없이 인간다운 생활이 가능한 최저소득을 제공하기 위해서다. 완벽하게 무조건적 복지제도를 도입한 복지국가는 지금 당장 현실화하기에는 난관이 많다.

오히려 보편주의의 수정된 형태가 더 현실적인 제도라고 할 수 있다. 보편주의는 선별주의와 대립되는 개념이 아니다. 선진 복지국가를 보면, 사안에 따라 선별적으로 지급하면서 보편주의를 확대하며 복지국가로 성장해갔다.

스웨덴형 복지국가를 향한 패러다임 전환

우리나라는 비교적 늦게 출발한 후발 복지국가이지만, 그 어떤 국가보다 빠르게 복지국가를 형성해가고 있다. 다만, 아직 사회보험과 공공부조 등에서 광범위한 사각지대가 존재하며 저소득 계층에게만 복지 서비스를 집중함으로써 일반 국민은 복지를 만족스럽게 체감하고 있지는 않다.

복지를 위한 조세 부담이 개인의 생활에 밀접하게 적용되어 안전하게 보장하는 필수재가 되어야 하는데, 일부 계층에만 복지의 주타겟이 됨으로써 복지와 국민이 분리되고 있다.

국민이 원하는 생애주기별 맞춤형 복지, 무상보육, 의무교육, 무상의료, 반값 등록금, 노인연금 등과 같은 보편적 복지를 이루기 위해서는 더 많은 부담의 세입 증대가 필요하다. 모두 부담하고 모두 누리는 보편복지를 위해서는 부담 증가는 '악' 이 아니라 미래를 위한 투자와 노후의 자유를 위한 '선' 순환 비용이라고 생각하고 '젊었을 때 내가 낸 것은 늙은 내가 다시 돌려받는다' 는 믿음을 가져야 한다.

선진 복지국가인 스웨덴은 복지 관련 국민 부담률이 매우 높지만, 복지가 일부 부유층에 대한 세금으로 가난한 사람을 지원하는 것이 아니라 모두가 낸 세금으로 모두가 혜택을 누리는 것이라는 인식이 있어서 조세 저항이 적다.

자신이 낸 세금이 다시 자신에게 돌아온다는 믿음을 확고하게 주지 못하는 한 '내 주머니에서 나가는 세금은 가장 나중에, 최소로 하고 싶다' 는 눔프NOOMP : Not Out Of My Pocket 현상에서 벗어날 수 없다.

대다수 국민은 복지 수준의 향상을 원하고 무상복지 서비스에도 찬성한다. 그러나 복지 재원을 어떻게, 누구에게 조달해야 하는가에 대해서 막상 본인의 조세 부담이 커지면 좋아하지 않는 이중적인 태도를 보인다.

코로나19와 각종 재해, 인구 구조 변화에 따른 지원금으로 재정 부담이 크게 늘어난 상황에서 국가 증세에 대한 국민적 합의를 이루기 어렵게 만드는 요인 중 하나다.

물론, 증세 없이도 일부 분야에서의 복지 확대는 가능하다. 그러나 증세 없는 복지 확대는 이 시대의 불공정함과 양극화 문제를 해소할 수 없다. 예를 들어, 국민건강보험료를 지금보다 국민 1인당 월 1만 원씩 인상하면, 무상의료가 가능해진다. 더불어 개인당 월 10만 원 정도 부담하는 민간보험에 가입할 필요가 없어진다.

복지국가를 위한 세금은 각자 민간에서 복지를 구입하는 것보다 국가에서 연대적인 방식으로 갹출하여 온 국민의 복지를 책임지는 것이 더 효과적인 방법이다.

이제 우리는 선택해야 한다.

지금처럼 낮은 세금으로 낮고 좁은 수준의 복지를 누리며 각자의 복지를 구입하며 각자도생할 것인지, 각자의 능력에 맞게 세금을 내며 경제와 복지가 유기적으로 통합된 보편적 복지국가의 구성원으로 살아갈 것인지를 사회적 합의를 통해 선택해야 한다.

K-사회복지의 해법을 찾기 위한 시대적 상황

지금의 복지정책은 과거 여러 정책이 모태가 되었고, 시대적 상황과 정책에 따라 국민의 요구가 점차 다양해지면서 이들이 결합한 결과라고 볼 수 있다. 복지정책은 기본적으로 정책이 제정된 당시의 시대상과 국민의 요구를 담는다. 국내·외 정세나 정치경제적 여건, 국민의식의 변화와 욕구에 따라 복지정책은 점차 다양해졌고, 더욱 확대하는 방향으로 변하고 있다.

그렇다면, 우리나라의 복지정책은 어떤 방향으로 나아가고 있는지, 시대적 상황을 훑으면서 복지의 해법을 찾아보자.

1. 직접적으로 표출하지 않았던 시대(1950~1970년대)

대한민국 정부 수립부터 유신정권까지 사회복지법이 제정되어 입법되었지만, 시행할 수 있는 여건은 아직 갖추지 못한 시기였다. 국민도, 정책 입안자도 사회복지에 대해 막연한 개념만 있을 뿐 제대로 인식하지 못하였다. 특히, 1950년대는 가난과 혼란의 시기였다. 이 시기에 복지는 전쟁으로 인한 요구이자 필요재로 국가 형성 과정 중 하나였다.

일제 침략과 한국전쟁을 경험한 국민은 모두 똑같이 가난하고 굶주렸다. 우리나라는 1인당 국민소득이 79달러로 세계에서 가장 가난했던 나라였다. 이 시기의 가난은 당연한 시대적 상황이었다. 이때 국민의 요구는 오직 민주화였다. 국민이 한목소리로 통합할 역량이 없던 시기에 민주화를 부르짖으니 복지 실현은 언감생심이었다.

1960년대는 한국 복지제도 발달에 있어서 하나의 전환기였다. 군사쿠테타 정권은 경제 개발을 위해 산업화를 시작하였고 노동시장이 급속도로 형성되면서 사회 문제가 대두되기 시작하였다. 이때는 노동과 시장경제 발전이 핵심가치였고, 임금이나 노동 조건의 개선은 사회적 쟁점으로 떠오르지 못했다. 국가 중심의 고도 성장으로 소득불평등이 심각했다. 박정희 정권의 정당성 확립과 민심 안정을 위한 임시 방편으로 복지 및 보험제도가 제정되었다.

해방 후 한국 정부는 상당 부분을 민간 활동에 의존하여 복지 욕구에 대응하였다. 민간 활동에는 국내인의 노력도 많았지만, 대체로 규모가 작고 영세적이었다. 순수한 목적도 있었지만, 친일 경력을 무마하거나 일제 잔재를 청산하는 과정에서의 혼란을 틈타 사회사업을 앞세운 재산 은닉 및 보존하고자 하는 등의 불순한 목적도 많았다. 따라서 규모가 크거나 전문적인 사회 서비스는 외원단체가 주로 제공했다.

1970년에 사회복지사업법이 제정되면서 외원단체가 본국으로 철수하였다. 그러자 거의 방치된 사회복지 서비스에 정부가 나서게 된다. 따라서 1970년대는 사회복지 역사에서 가장 두드러지는데, 사회복지사업법과 국민복지연금법이 제정된 일이다. 또한, 의료보험이 개정되면서 생활보호대상자와 영세민에 대해 많은 의료 혜택을 제공하기 시작하였다.

2. 점차 요구하기 시작하며 4대 보험을 완성한 시대(1980~1990년대 중반)

복지의 요구는 민주화 흐름과 맥을 같이 한다. 반대로 대통령 간선제나 유신정권 때는 국민의 목소리에 귀를 기울이지 않았기 때문에 대부분의 복지정책이 국가적 차원이라기보다 민간 차원에서의 서비스 정도에 그쳤다고 할 수 있다.

이 시기에는 1970년대부터 분출하고 있던 사회경제적 욕구에 대한 대응의 성격을 더 강하게 갖는다. 1980년대 초에는 산재보상보험의 적용 범위가 매우 빠른 속도로 확대되었으며, 근로복지라고 불리는 제도의 범주가 분명히 실체를 얻어가기 시작했다. 권위주의적 군사정권의 정치적 정당성을 합리화하기 위한 수단으로 사회보험 분야가 발전하기 시작했다.

1988년 농어촌 지역 의료보험 실시, 1989년 도시 지역 의료보험 실시로 전 국민 의료보험제도가 완성된다. 1986년 제정된 국민연금법은 1988년부터 본격적으로 시행된다. 1993년에 고용보험법까지 제정되면서 비록 낮은 보장성과 넓은 사각지대에도 불구하고 명목상 4대 보험이 완성된다.

3. 정권이 바뀌면서 복지 확충과 제도화를 추진했던 시대(1990년 중반~2010년대)

1998년 대한민국 역사상 처음으로 정권 교체가 일어났다. 김대중 정권 이전의 정부는 시장경제와 자본주의에 초점을 뒀기 때문에 복지에는 큰 관심은 없었다. 사회 서비스를 하나의 제도로 바라보는 시각이 부족하였다. 사회적으로 후순위로 인식되었던 것이 일차적인 원인이다. 민주 정부에 들어와서야 사회 서비스가 확대되면서 이로 인해 사회적 일자리 창출이 가능하다는 점이 강조되었다.

김대중 정권 시기는 IMF 외환 위기 시기로 수많은 기업이 합병되고 도산해 실업률이 굉장히 높아졌다. 비록 아동이나 노인 복지 등 사회서비스 분야에서는 성과가 없었지만, 최저생계비를 반영한 국민기초생활보장법을 도입하고 4대 사회보험의 제도적 틀을 완성한다. 사실 이 법이 제정되기 전에도 1961년에 제정된 생활보호법으로 국민의 최저생활을 보장하긴 했다. 하지만 생활보호법은 최저생계비라는 개념이 있기 전에 제정된 법이어서 실제 수혜 금액은 일반 국민이 생활하기에 턱없이 부족한 수준이었다.

참여정부는 사회 서비스를 확장했는데, 중하위 계층을 대상으로 보육료를 선별적으로 차등 지원하는 등 보육 분야가 발전했으며, 노인장기요양보험을 제도화하였다. 사회 서비스 분야를 제도적으로 개발함으로써 관련 일자리를 창출하고 확대하였다.

재벌 개혁과 금융시장 개혁, 공기업 민영화, 노동시장 유연화를 꾀했지만, 결론적으로 빈익빈 부익부의 소득 양극화를 낳았다. '민주주의가 밥 먹여줄' 거라고 기대한 많은 서민이 실망하였다. 그래서 빈부격차 심화와 청장년 실업 증가, 노인 빈곤을 해결해줄 카드로 박정희를 흉내낸 이명박 대통령에게 일말의 기대를 걸게 되었다. 그러나 이명박 정부는 부자 감세, 대기업 감세와 공기업 및 공공 서비스의 민영화·시장화를 추진하며 본격적인 시장주의 개혁에 나섰고, 그에 대한 반발로 스웨덴식 복지국가 논의가 처음으로 불붙게 된다.

이명박근혜 정부는 무상보육 서비스 확대를 제외한 복지 확충은 거의 없었다. 교육과 의료정책을 민영화하여 영리화를 추구하고자 했다. 낙수 효과를 기대하며 경제적 가치를 우선시하였다. 재벌과 자본에 의지하여 부자 감세와 규제 완화를 강력히 추진함으로써 노동층과 서민층이 배제되고, 대기업 중심의 성장으로 신자유주의 양극화 성장 체제가 본격화되었다.

이로 인해 골목상권과 전통시장을 삼켜버리는 대기업의 문어발식 유통업, 부모보다 가난한 청년 세대, 생활고로 죽음을 선택하는 사람들, 사회적 양극화로 서민들에게 '헬조선'이 되었다.

4. K-사회복지는 어디에 있을까(~현재까지)

가속화되는 저출산과 고령화로 인해 사회 서비스의 공공성 강화 요구가 높아지고 있다. 특히, 코로나19 발생 이후 돌봄이 국가 책임의 영역이라는 점을 국민이 인식하게 되었다. 그동안 사회 서비스 영역은 대부분 민간이 맡으면서 제대로 된 관리감독 없이 이루어진 탓에 질 낮은 서비스와 열악한 종사자 처우 문제가 지속되었으며, 그 피해는 고스란히 국민에게 전가되었다. 코로나로 인해 공공의료 확충, 사회안전망 사각지대 해소, 국가가 책임지는 돌봄, 국민의 건강권 보장에 대한 요구가 커졌다.

문재인 정부는 '포용 복지국가'의 기치 하에 오랜 숙원이었던 국민기초생활보장제도의 부양의무자 기준 폐지를 단계적으로 추진함으로써 급여총액 수급자 수가 증가한 것은 긍정적이나, 약속했던 전면 폐지를 이루지 못했다. 코로나19 유행 시기에 정부가 나서서 전국민 고용보험 도입과 국민취업지원제도를 법제화하였으나 추진 계획이 장기적이어서 실효성이 떨어진다. 특히, 양극화가 더 심화되면서 사회적 위험에 노출된 사람들이 급증한 상황에 대한 소득보장 대책이 필요하다.

2022년까지 건강보험 보장률 70%는 임기 내 달성이 어려울 것으로 전망되며, 의료공공성 강화는 미온적인 태도인 반면, 의료영리화는 적극적으로 추진하고 있다. 사회적 보호가 절실한 이들이 여전히 사회안전망에서 배제되고 있고, 공적 책임이 중요한 보건의료와 돌봄의 영역에 공적 인프라가 턱없이 부족하다. 보편적 아동수당을 도입하고, 포용국가 아동 정책으로 아동의 삶에 대한 국가 책임을 확대하였으나, 노인 돌봄의 공공성 강화, 특히 지역사회 통합 돌봄의 제대로 된 운영은 해결해야 할 과제다.

대한민국은 지난 70년간 세계에서 가장 성공한 나라가 되었다. 수많은 케이(K)가 세계로 뻗어나가고 있고, K-산업이 글로벌 시장을 주도하는 시대를 열고 있다. K-방역, K-POP, K-드라마, K-배터리 등 수많은 케이가 있지만, 그 가운데 사회복지의 자리는 보이지 않는다.

대한민국의 역사는 고난과 역경을 딛고 발전하였다. 일제의 식민지였다가 2차 세계대전이 끝나고 해방이 되어 이제 좀 살 것 같았는데 한국전쟁이 터졌다. 암흑의 독재 정권을 거쳐 힘들게 민주화를 이루고 사회안전망이 자리 좀 잡으려고 했는데, 1997년 외환 위기가 터져서 경제 발전이 우선이라고 한다.

그 결과 우리나라에는 안전을 보장받지 못하는 사람들이 많아졌고, 그 반작용으로 안전제일주의가 퍼졌다. 2022년에도 학생들은 연금으로 노후가 보장되는 공무원이나 대기업에 취업하기 위해 경쟁에 뛰어든다.

선진 복지국가와 비교할 때 우리나라의 복지정책은 여전히 적은 규모다. OECD 복지국가들의 평균 복지 지출 비용이 20%인데, 우리는 고작 10%에 불과하다. 고도 성장으로 선진국으로 진입하였지만, 사회에는 여전히 불평등과 양극화가 만연하다.

스웨덴과 같은 복지 모델을 그대로 복사해서 적용하는 것은 불가능하다. 오랜 역사를 거친 스웨덴만의 독특한 경험의 산물이기 때문이다. 다른 나라는 각기 다른 출발점과 배경이 있다. 특히, 스웨덴은 노사 간 타협, 지속적인 교육과 훈련 프로그램, 평등주의 문화가 강력하게 뿌리를 내리고 있다.

그러나 우리나라는 노사 갈등, 지나친 사교육비와 경쟁주의, 세대 · 계층 · 성별 간 혐오가 심하다. 특히, 성장과 복지의 이분법이 지배한다. 복지는 빈곤층을 향해 최소한으로 제공하는 선심이라고 인식하는 경향까지 있다.

한국인에게 복지란, 중산층에게는 많은 세금을 떼어가는 것이고, 가난한 사람에게는 자존심 상하게 하는 용어다. K-사회복지가 되려면 비정규직이라서, 질병에 걸려서, 실패했기 때문에 빈곤의 나락으로 떨어지는 일이 없도록 최소한의 안전과 행복이 보장되어야 한다.

정치의 이면에 가려 포로가 된 복지

부패한 정치와 재벌의 독점적 지배에서 많은 사람이 생존에 위협을 받았다. 민주주의와 시장경제가 국가 부도 직전까지 몰린 상황에서 복지는 대한민국을 살려낼 열쇠였다. 역대 정부는 복지국가를 지향하면서 복지에 이름을 붙여주었다.

국민의 정부는 '생산적 복지'를, 참여정부는 '참여복지'를 내세우며 보편적 복지를 꿈꿨다. MB정부는 '능동적 복지'를 내세웠으나 곧 폐기되었고, 박근혜 정부는 '맞춤형 복지'를 내세웠지만, 시작부터 기초연금 파동과 증세 논란을 일으키며 사실상 무복지 상태로 일관하였다. 문재인 대통령은 혁신적 포용국가를 국정 운영의 목표로 삼고 '포용적 복지'를 제창하였다.

정권 때마다 복지를 정치 슬로건으로 삼고 귀를 솔깃하게 만들었지만, 현실적이고 구체적인 내용을 확보하지 못한 채 작명에만 그쳤다는 비판을 받고 있다. 중요한 것은 이름이 아니라 실질적인 내용과 그 실천에 있다. 생산적 복지가 경제와 복지를 성공시켰는지, 참여복지가 보편적 복지와 참여를 이루었는지에 대한 정확한 평가와 수치는 없다.

유권자를 현혹하기 위한 정치적 쇼인지, 때마다 복지는 정치의 포로가 되어 이름만 바뀐 채 여기저기 끌려다니고 있지만, 실상 복지가 나아졌다고 체감이 되지 않는 현실이다. 현 시대에 대한 고민과 미래에 대한 비전을 담을 이름은 실행하고 나서 지어도 늦지 않을 텐데, 먼저 그럴싸한 이름부터 지어놓고 짜맞추고자 하는 건 아닌지 안타깝다.

선거 때마다 무리하게 복지를 확대하면서 부작용과 피해는 국민이 떠안아야 한다. 평소에는 정부가 추진하는 복지정책에 대해 '포퓰리즘이다, 예산 낭비다, 서비스 중복이다, 혈세가 새고 있다' 며 어떻게든 복지 예산을 아껴 개발 사업에 열을 올리던 사람들이 선거 때만 되면 한마음으로 사회복지정책을 펼쳐놓고, 복지관이며 장애인 시설에 찾아간다.

가령, MB 정부는 보육이 화두로 떠오르자 0~2세 무상보육을 도입했다. 보육의 필요성이 더 큰 3~4세보다 가정돌봄이 더 필요한 0~2

세 영아의 무상보육이 도입되자, '안 맡기면 나만 손해' 라는 인식이 퍼지면서 전업주부들도 어린이집에 아이를 맡겼다. 그러자 맞벌이 가정에 대한 역차별이 생겼고 부모들의 원성이 높아지자 0~5세까지 무상보육을 실현하게 된다.

선진 복지국가에서도 무상보육이 아니며, 소득에 따라 보육료를 내거나 맡기는 시간을 제한하는데, 한국에서는 선거를 위해 애착형성이 중요한 영아의 특성을 이해하지도 못하고 경쟁적으로 무상보육이라는 과도한 정책을 쓰고 만 것이다.

정치와 복지는 뗄 수 없는 관계이긴 하다. 정당이나 후보의 이미지를 상징하기 위해 복지를 이용하거나 지지를 극대화하기 위해 복지라는 카드를 쓴다. 복지만큼 국민 개개인에게 직접적으로 다가오는 정책이 없으니 어쩌면 전략적 수단으로 이용하기에 가장 좋은 수단이다.

복지가 정치의 포로가 된 것은 우리나라뿐만이 아니다. 유럽의 복지국가들도 노동자 계급의 불만을 회유하기 위해 사회정책을 실시한 것으로 복지가 시작되었기 때문이다.

우리나라는 권위주의 체제에서 정권 유지를 목적으로 전략적으로 복지제도를 활용해왔다. 대표적으로 공무원연금 1960년, 군인연금 1960년, 사학연금 1975년 등 특수 직군의 연금제도가 바로 그런 의도에서 도입되었다. 당시의 복지제도는 사회적 약자를 대상으로 필요한

곳에 복지 혜택을 준 것이 아니라 혜택을 이미 누리는 집단에서 더 안정적인 삶을 보장하는 방식으로 설계되었다.

외환 위기 이후 국민기초생활보장제2000년, 실업보험 확대 적용 1999년, 의료보험 통합2001년 등 새로운 복지제도를 도입하면서 사회적 안전망을 확충하나 싶었지만, 사실은 국제통화기금IMF이 한국 정부에 구제 금융을 제공하는 조건으로 이루어진 것이었다.

'저출산 고령화' 라는 위험한 난국을 돌파하기 위한 대한민국의 복지정책은 어떤 가치와 특성을 최우선으로 삼고 강력하게 추진해야 할까?

이것에 답을 해줄 복지가 우리에게 필요하다.

2부

알고도 외면하는
한국 사회의 복지정책 제안

01

복지정책에 대해 말하지 않는 것들

복지의 빛과 그림자

외국의 주요 언론사들은 '코로나19에 대한 한국의 방역이 성공했다' 며 앞다투어 부러움에 가까운 찬사를 이어가고 있다. 한국의 성공적인 방역에는 높은 시민의식, 투명한 정보공개, 민주주의가 있다고 한다. 우리가 그동안 스스로 너무 과소평가한 것은 아닌지 착각이 들 정도로 이러한 칭찬에 어색하기만 하다.

치욕으로 남은 일제 강점기와 수십 년의 독재 기간 동안 이어져온 굴욕의 역사가 우리도 모르는 사이 열등감으로 남아 있었던 것은 아니었는지 돌아보게 될 정도다. 세계대전 후 식민지에서 독립한 국가 중 유일하게 경제 성장과 민주주의, 복지국가를 이룩한 나라는 오직 대한민국뿐이었다는 사실에 자부심을 가져도 좋을 것 같다.

그런데 선진국조차 성공하지 못했던 탁월한 방역정책에도 왜 우리는 마음 한편이 불편하고 그림자가 지는 것일까?

바이러스를 차단하는 데 집중한 사이에 사람들의 일상이 무너져 내리고 말았다. 고강도 사회적 거리두기는 경제적 침체를 몰고 왔고, 영세자영업자는 매출이 폭락했고, 비정규직 노동자는 직업을 잃었다. 아무런 사회보장제도의 테두리도 없이 실직과 소득 상실로 위기에 내몰린 노동자가 700만 명을 넘어섰다. 비정규직 10명 중 3명이 실직했으며, 비정규직의 약 20%만이 실업급여를 받았다. 실직과 소득 감소는 노동자에게 더욱 취약했으며, 가장 필요한 사람들임에도 오히려 사회안전망의 보호를 받지 못했다. 코로나19라는 전염병은 누구에게나 평등하게 찾아왔지만, 실상은 취약 계층의 생존을 더욱 위협하며 불평등하게 작용했다.

방역 선진국가라는 빛의 이면에는 입원할 병상이 없어 숨지거나, 의료진의 희생에만 의존했던 취약한 공공의료가 있었다. 소득 손실에 따른 경제적 부담을 감수해야 하는 열악한 사회보장의 사각지대가 그대로 방치되었음이 드러나고야 만 것이다.

문재인 정부가 들어선 이후 복지정책은 나름대로 진행중이지만, 공약처럼 혁신적인 변화는 없었다. 사각지대가 광범위한 만큼 촘촘하게 지원할 것으로 기대하지는 않았지만, 점차 심각해지는 만큼 국민 모두의 최저생활을 유지할 수 있는 지원을 하는 것이 국가의 기본 책무라고 볼 수 있다.

지금까지 정부가 재난지원금을 포함해서 코로나19에 대응해 지원했던 규모는 대략 GDP의 3% 정도다. 코로나19 상황에서 OECD 국가들이 평균 GDP의 대략 8% 정도를 투입했다는 점을 고려하면 매우 적은 금액이다.

우리나라 복지제도는 재난이 닥쳤을 때 유연하게 작동하기 어려운 구조다. 취약계층을 포함한 여러 계층이 복지제도 사각지대에 방치된다. 재난지원금을 둘러싼 여러 논쟁이 있는데 사실 전 국민에게 돈을 지급한 경우는 한국과 일본 정도밖에 없다. 아직도 우리는 우리나라의 복지 구조를 제대로 파악하지 못한 채, 누구에게 얼마나 줄 것인가에만 집중하고 있다.

세상에 공짜 복지는 없다

한국여성정책연구원이 노동, 가족·돌봄 정책에 대한 국민 수요를 파악하기 위해 실시한 여론조사에 따르면, 국민 10명 중 7명 이상은 문재인 정부의 돌봄 지원 노력이 부족하다고 평가했다. 차기 정부가 최우선 과제로 삼아야 할 돌봄 정책 목표로는 '감염병 시기 돌봄 서비스 유지'가 꼽혔다.

정부의 돌봄 보장은 돌봄이 필요한 아동, 장애인, 노인 당사자에게 돌봄 서비스를 받을 수 있는 비용을 지원해주는 방식으로 확대된다.

보육바우처, 장기요양, 사회서비스바우처가 해당한다. 정책 수혜를 받는 아동, 노인, 장애인의 수는 이전과 비교할 수 없이 크게 늘어나 200만 명을 훌쩍 넘겼다. 그러나 실제 돌봄 서비스의 공급은 민간 시장에게 맡겼다. 따라서 정부가 긴급 돌봄이나 긴급 보육에서 실질적인 정책을 펼쳤다고 말하기엔 무색할 정도였다.

재난지원금 사례처럼, 국민은 소득 상실이 사회적 연대를 필요로 하는 사회적 위험이고 국가가 책임져야 할 영역이라고 인식하고 있다. 반면에 돌봄 영역, 특히 장애인과 노인 돌봄에 대한 정부의 적극적인 지원이 필요하다는 인식은 아직 부족하다. 돌봄을 여전히 사적인 영역으로 취급하고 있다는 것을 알 수 있다. 전 세계가 코로나19 감염병을 경험하면서 돌봄노동자를 필수노동자로 인식하면서 얼마나 고군분투하는지 앞다투어 칭송했다. 그러나 아직도 돌봄노동자의 임금과 처우는 열악하다.

최근 여론조사에 따르면, 국민의 시민의식이 높을수록 국가와 사회에 책임감이 강하고, 방역에 더 적극적이었고 마스크도 적극적으로 착용했다고 한다. 이와는 대조적으로 '방역의 피해를 집중적으로 입은 자영업자나 비정규직 취약계층을 위해 국가가 적극적으로 지원해야 하는가' 에 대해서는 부정 응답이 높았다. 일본과 비교한 데이터가 있는데 일본은 자영업자에 대해 70~80%가 지원을 해야 한다고 응답한 반면, 한국은 40% 정도의 응답률을 보였다.

방역 부문에서는 높은 시민의식으로 성공적인 성과를 냈는데, 그로 인한 피해를 함께 해결해나가자는 데에는 소극적인 편이다. 우리나라는 산업화 이후 지금까지 '덜 내고 덜 받는' 복지 체제를 유지해왔다. 최근에 '더 내고 더 받는' 복지 체제에 대한 논쟁이 많지만, 여전히 사회적 합의를 위한 기반이 미약하다.

정부가 주도하는 사회보험과 공공부조, 그리고 사회 서비스의 제도 도입은 다른 선진국에 비해 늦었고, 실질적으로 제공하는 급여의 수준은 좁고 낮은 편이다. 코로나19 긴급재난지원금 지급 대상을 정하는 문제만 보아도 복지 논쟁의 새로운 화두였는데, 지급 방식이 일회성이라는 점에서 복지정책보단 재난 대책에 가깝다고 봐야 한다.

국민부담률과 공공사회 복지 지출을 OECD 국가들과 비교했을 때, 우리나라는 작은 정부를 지향하면서 개인을 보호해야 하는 국가의 역할에 소홀했고, 사회적 연대감이 적다. 전형적인 '저부담 저복지' 형태다. 아직은 복지보다 경제 성장 중심의 재정기조를 유지해야 한다는 의견이 많다.

2000년대에 들어와서 복지 지출이 증가하고 있지만, 복지 비용이 늘어나면 나라가 망한다는 논리가 여전하다. 저출산·고령화 속도가 세계에서 가장 빠른 속도로 진행되는 가운데, '가만 있어도 세금을 내는' 젊은층이 줄고 복지 비용은 급속도로 늘어나고 있다. 더구나 추정하기조차 불가능한 군사·안보·통일 비용까지 있다. 연금과 건강보험 같은 경우 지금과 같은 저출산·고령화 추세라면 개혁이 반드시 필요한데도, 현재 세대의 반대가 두려워 미래 세대에 '빚 폭탄 돌리기' 를 하고 있다.

복지 재원을 조달하는 방법에는 국가 채무를 늘리든, 증세를 하든 둘 중 하나인데, 정치권의 '증세 없는 복지' 는 사실상 실현 불가능하다. 세상에 공짜란 없는데, 복지는 더더구나 그렇다. 장하준 케임브리지대 교수는 "복지는 공동구매" 해야 한다고 하였다. 국민의료보험을 하면 의료비가 싸지는 이유가 의료보험을 대규모로 구매하기 때문이다.

현재처럼 '저부담 저복지' 를 할 것인지, 고복지를 위해 '고부담 고복지' 를 할 것인지를 정해야 한다. '저부담 고복지' 는 불가능하다. 복지의 수준을 높이려면, 누군가는 더 많은 부담을 져야 하는데, 어떻게 분담할 것인가가 중요하다. 증세를 해야 한다면, 편견없이 투명한 절차를 통해 사회적 합의를 거쳐야 한다. 복지를 증진해야 한다면, 국가 경제 성장률 내에서 복지 예산을 늘려가면서 나머지 재원으로 경제를 발전시켜 일자리를 창출해야 한다. 일자리가 늘어야 소득이 늘어나 소비가 증가하면서 경제가 활발하게 돌아간다. 그리고 그

만큼 복지에 쓸 세금과 기부도 함께 늘어난다.

불평등의 대가

문재인 정부는 최저임금 1만 원 달성 공약을 임기 내 달성할 수 없다고 선언하면서 최저임금 논쟁은 사실상 종료되었다. 국민의 소득 보장을 위해 최저임금을 보장한다는 자체가 문제가 있는 것은 아니다. '최저임금 인상을 통해 사람들의 소득이 증가하면 소비가 늘어난다, 소비가 늘어나면 경기가 활성화되어 경제가 성장한다'는 논리가 우리 실정에 맞지 않았을 뿐이다.

오히려 급격한 최저임금의 인상은 사업주의 부담으로 작용해 노동력을 줄이게 되면서 실업자가 증가하게 되고 경제 규모 축소 및 경제 성장률 감소로 이어질 수 있다.

외환 위기 이후에도 한국의 성장 전략은 여전히 소득 주도, 수출 주도, 이윤 주도의 성장이었다. 하지만 과거와 같은 고도 성장은 더 이상 이뤄지지 않고 있다. 성장률은 낮아지고 있고, 심각한 양극화가 진행되면서 실업률이 높아지고 있다.

예전에는 잘 먹히던 전략이 오늘날에는 효과가 없는 이유는 무엇일까?

사실, 양극화, 높은 실업률, 경제 저성장은 우리나라뿐 아니라 전 세계적인 현상이다. 여기에는 사회·경제구조 변화가 탈산업사회로 변해가고 있다는 점이 크게 작용한다.

미래 사회학자인 대니얼 벨은 산업 사회 이후에 나타난 정보화된 사회를 '탈산업사회' 라고 칭하였다. 탈산업사회에서는 과거보다는 미래를 지향하고, 재화보다 서비스에 바탕을 둔 경제가 나타난다. 생산 방식도 다품종 소량 생산이 이루어진다. 또한 새로운 기술 혁신에 적응할 수 있는 고도의 사고 능력과 전문성을 갖춘 사람이 요구되는 사회가 된다. 따라서 기술 진보로 높아진 생산성을 뒷받침할 수요가 부족해진다. 전 세계적으로 과잉생산이 이뤄지지만, 수요가 부족해지면서 경기 침체가 발생하는데 이는 일시적인 현상이 아니라 장기적인 현상이 된다.

제4차 산업혁명과 인공지능 시대가 도래하면서 취업과 사회보험을 중심으로 구성된 사회보장 시스템에는 한계가 있다. 경제는 지속적으로 저성장 추세로 갈 것이며, 고용 기회는 점차 줄어들 것이다. 인간의 기대수명은 점차 길어질 것이므로 이런 시대적 상황에 기초한 조세 중심의 소득 보장으로 재설계하여야 한다.

따라서 이제라도 복지 소득을 확대하여 내수를 확장하는 방향으로 정책적 고민을 해야 한다. 그러려면 재정 확보가 필수적인데, 본격적인 세금 인상의 당위성을 확보하기 위해서 복지에 대한 홍보와 교육,

사회적 합의가 필요하다. 세금을 낸 만큼 혜택을 받는다면 조세 저항이 줄어든다. 조세 지출을 개혁하는 데 가장 큰 어려움은 한 번 주어진 혜택을 권리로 인식하여 이를 변경할 경우 강한 조세 저항에 직면하게 된다는 점이다. 저부담 고복지는 현실적으로 불가능하다. 정부가 더 걷은 세금을 효율적으로 잘 쓸 것이라는 신뢰를 전제로 편견없이 투명한 과정으로 이뤄져야 한다.

스웨덴, 프랑스, 일본 등 1990년대에 대대적인 조세 개혁을 시도했던 선진 복지국가들은 '누구에게 얼마를 징수하는가' 보다 '무엇을 위한 증세인가' 라는 점을 분명하게 밝혔다. 증세 목적을 복지 확대에서 찾으면서 당위성을 확보함으로써 조세 개혁을 성공적으로 이뤄낸 것이다. 우리나라는 아직 세금이 복지로 체감되지 않고 있다. 국민이 체감할 수 있도록 조세 지출을 축소하면서 소득 보장을 함으로써 피해를 복구하기 위한 새로운 소득보장제도를 제시해야 한다.

02

포스트 코로나 시대를 대비한 노동정책의 대안

내일에도 내 일이 있을까?

코로나19 팬데믹 이후 우리의 삶은 이전과 완전히 달라졌다. 그동안 활발했던 전 세계 노동시장을 단기간에 무너뜨렸다. 전 세계는 생산, 소비, 고용, 투자 등 경제 전반이 흔들리면서 대공황 이후 최악의 침체기에 빠졌다. 일자리에서 수백만 명이 해고당했거나 근로시간이 단축되었다.

재난은 사회적 약자에게 더 가혹했다. 비정규직, 영세 자영업자, 플랫폼 노동자 등 불안정한 노동자는 코로나로 인해 경제 활동이 더 위축되면서 생존의 위협까지 받고 있다.

코로나 팬데믹 기간 동안 의료, 개인 진료, 현장 고객 서비스, 레저 및 여행 등 신체 접촉 근접 점수가 가장 높은 영역에서 가장 많은 수요 감소가 있었다. 2030년까지 주요 8개 나라의 1억 명의 노동자는 다른 직업을 찾을 필요가 있는 것으로 전문가들은 예상하였다. 비대면, 비접촉 점수가 높은 영역도 로봇으로 대체될 것이라는 전망이 높다. 기존 일자리가 사라지고 새로운 일자리로 전환이 필요하다는 것은 결국 직업 변경과 다른 기술의 습득이 필요하다는 것을 의미한다.

코로나가 장기화되면서 사람들의 생활양식 패턴은 비접촉 만남, 재택근무 확대, 온라인 수업, 1인 기업의 증가, 디지털 전환의 가속화, 간소한 경조사, 배달을 통한 외식, 배송을 통한 쇼핑으로 변화하였다. 이러한 패턴은 미래지향적인 측면이 있어 코로나 종식 후에도 유지될 가능성이 높으며, 많은 업종이 정상화된다고 해도 과거의 노동 환경으로 다시 돌아갈 가능성은 희박하다.

현재 우리는 노동 환경에서 지각 변동이 큰 시대에서 살고 있다. 유연한 노동 구조와 새로운 형태의 직업이 보이기 시작한다. 누가 빨리 적응하느냐에 따라 빈부의 격차는 커질 수 있다.

일자리는 인구학적 측면에서도 봐야 한다. 우리나라는 고령화 사회로 노년층이 빠르게 증가하면서 노동 시장에도 영향을 미치고 있다. 숙련된 노동력의 부족을 막기 위해 일자리의 수요와 공급 간의 불균형을 해소해야 할 필요가 있다. 그러려면 국민의 직업 능력 수준을 향상시키는 일이 매우 중요하다.

노동 구조의 변화로 일자리가 오히려 축소되는 현실에서 '내일에도 내 일이 과연 있을지' 의문과 두려움, 걱정이 앞선다. 문제는 이러한 걱정이 저임금 저숙련 노동자뿐 아니라 고임금 고숙련 전문직 노동자들에게도 번지고 있다는 데 있다.

직업 세계와 노동 시장의 변화는 이제 막을 수 없는 추세다. 일자리는 점점 자동화에 직면하고 있으며, 향후 10여 년에 걸쳐 상상할 수 없는 속도의 변화가 갑자기 삶 속으로 닥쳐올 것이다. 과거의 일자리가 사라지고 있기도 하지만, 고도로 디지털 집약적인 부문에서 새로이 창출되면서 전혀 새로운 형태의 직업도 우후죽순 생겨나고 있다.

노동시장의 이중적인 구조, 불평등과 양극화, 청년 실업, 취약한 산업 생태계, 대립적 노사관계와 일터 문화 등의 문제를 해결해야 한다. 동시에 새로운 혁신을 창출하여 경쟁력을 강화하면서도 사회구성원 모두에게 공동의 이익을 이루어내기 위해 디지털 전환을 적극적으로 활용하는 것이 중요한 과제다. 디지털 전환은 긍정적인 영향과 부정적인 영향을 동시에 가져올 수 있어 위기인 동시에 기회가 되기도 한다.

디지털화로 성공적으로 전환하려면 노사 간의 협력과 이해관계에 따라 달라질 수 있다. 이때 갈등으로 혁신이 지체될수록 새롭게 형성되는 기술 시장에서 주도권을 해외 기업에 빼앗길 수도 있고, 선도권을 뺏겨 시장에서 도태될 위험성이 커진다.

최상의 결과는 국내 산업이 정부의 지원 아래 노사 간 소통과 협업으로 성장 잠재력을 최대로 높여 디지털 전환으로의 역량을 키우는 것이다. 노사 이해관계 갈등으로 혁신이 지체될수록 새롭게 형성되는 글로벌 시장에서 시장 선도권을 해외 기업에 뺏길 위험도 상당하다. 최상의 시나리오는 국내 산업이 디지털 전환 역량을 축적하여 성장 잠재력을 최대로 높이고 성장의 결실을 국민 모두와 공유하는 선순환을 이루는 것이다.

노동정책의 배신

우리나라의 노동법은 모든 노동을 평등하게 보호하는 법이 아니라 특정 노동 계급의 이익을 먼저 보호한다. 노동법은 직종과 산업에 따라 노동자의 권리에 차등을 두고 있다. 정부는 2018년부터 주 52시간 근무제를 시행했다. 그러나 250만 특수고용노동자는 이 법과는 상관이 없다. 특수고용노동자가 자영업자로 분류돼, 근로기준법이 보장하는 노동기본권을 인정받지 못했는데, 기업은 이러한 법의 허점을 적극적으로 이용했다.

법과 제도가 미비한 틈을 타 정규직과 비정규직 노동자는 연대를 이루지 못하고 분리되었다. 노동시장 유연화로 파견, 용역, 도급 등 간접고용 노동자가 생겨났지만, 이들을 보호할 제도는 없었다. 대기업의 외주를 받는 중소기업으로 이어지는 피라미드 구조를 이용해, 원청 대기업은 노동력을 싼값으로 후려치려는 횡포를 부렸다. 노동법은 사용자가 노동을 사용만 하고 책임은 회피하는 구조를 방치했다.

21세기가 지향하는 인간상은 '호모 루덴스' 다. 놀면서 돈 버는 일을 즐기는 노동자를 말한다. 그러나 한국의 노동자는 노동을 즐기기는커녕 죽음을 각오해야 하는 게 현실이다. 과로로 목숨을 잃기도 하고, 안전보호장치 없이 살해와 마찬가지인 죽임을 당하기도 한다.

과거 우리는 서로 노동을 교환하며 어려움을 함께 해결했다. 품앗이에서는 남녀노소 동등한 평가와 대가를 받았다. 인간의 노동력은 원칙적으로 대등하다는 정신에 기반을 두었기 때문이다. 우리나라는 성실하게 노동한 덕분에 더 이상 가난하지 않다. 선진국에서 원조를 받던 한국은 이제 개발도상국을 지원하는 선진국이 되었다.

그런데 한국의 노동자는 여전히 가난하다. 부자가 된 것은 기업이지, 노동자가 아니다.

부를 공유하지 않는 사회, 도대체 무엇이 문제인 걸까?

가난을 벗어난 한국 사회는 노동의 신성한 가치와 정신을 잃어버렸다. 노동은 '근로' 라는 단어로 바뀌었고, 헌법에서도 근로를 국민의 의무 중 하나로 명시한다. 근면, 부지런함, 성실을 강조하는 단어인 근로의 주체는 노동자에게 노동을 시키는 사용자에게 있다. 노동자에게 주어진 건 의무뿐이다.

노동의 주체성은 이제 노동자에게 있지 않다. 노동은 공동체가 함께 살며 보상을 공유하는 것이 아니라, 힘 있는 기업이나 사업주가 일방적으로 사고파는 행위이자 착취가 된 것이다.

노동자는 우리 사회에서 낮은 자리를 차지하고 있다. 직장인은 곧 월급의 노예이며, '근로계약서가 아닌 노예계약서를 썼다' 는 등의 요즘 말은 근로계약서에 사인하자마자 언제든 일할 준비가 되어 시키는 일은 무조건 감당해야 한다는 뜻과 같다. 기업은 '열정 페이' 라는 이름으로 노동을 이용한다. 대기업과 공공기관은 스펙을 이유로 강도 높은 일을 시킨다. 많은 노동자가 노동 환경에 대한 처우 개선과 안전한 법망 없이 소모되고 있다.

열심히 일하면서 버는 수입 즉, 노동자의 근로소득만으로는 목돈을 모으기 어렵고 내 집 마련이 불가능하다는 것을 깨달은 사람들은 너나 할 것 없이 주식과 비트코인에 열광한다. 정부는 노동, 교육, 검찰, 복지 구조를 개혁한다고 했지만 실제로는 만족할 만한 결과를 얻지 못했다. 저출산 문제는 더욱 심각해졌고, 부동산값은 치솟아 올랐다. 노동정책은 국민의 노동 환경과 일상생활의 안정에 이바지해야 하는데, 정책이 일상생활에 녹아들려면 실효성과 균형감이 중요하다. 그러려면 다음 사항에 집중해야 한다.

첫째, 불평등한 소득 계층 간 갈등을 최소화하고 다양한 계층의 요구를 거시적, 미시적 차원에서 포용하며 균형 있는 정책을 펼쳐야 한다.

둘째, 노동과 생활의 균형을 맞추고 계층 간 격차 해소를 위해 고용 형태, 성별, 가구 소득, 기업 유형 등에서 격차를 줄이고 선별 복지를 점차 보편화할 수 있는 방향을 찾아야 한다.

셋째, 코로나19로 인한 비대면 근무 및 교육 방법이 확산되면서 일하는 방식과 문화가 바뀌고 있으므로 이를 적용하기 위한 인프라가 구축되어야 한다.

새로운 노동정책을 준비해야 할 때

국가가 국민이 노동 생활에서 인간으로서의 존엄을 침해당하지 않도록 최저의 근로조건을 설정하는 것은 당연한 일이다. 근로기준법 제3조는 "이 법에서 정하는 근로조건은 최저기준이므로 근로관계 당사자는 이 기준을 이유로 근로조건을 낮출 수 없다"라고 규정한다.
따라서 최저기준에 미달하는 근로계약은 무효가 된다. 문제는 최저 근로조건의 수준이다. 수준을 높게 정하면 사용자에게 부담이 가고, 낮게 설정하면 애초 최저 근로조건을 설정하는 목표를 달성할 수 없게 된다.

노동계급은 노동운동 과정에서 노동법의 기념 이념 중 '평등'을 원칙으로 삼는 데 성공하였다. 각종 노동법 도처에는 평등 이념을 구현하는 내용이 존재한다. 남녀의 성별을 이유로 차별하지 않기, 국적·신앙·사회적 신분을 이유로 차별하지 않기 등이다. 평등은 차별 없이 고른 상태를 말한다.

그런데 절대적 평등이 존재하긴 하는 걸까?

사회현상에서 한 집단이 평등을 주장하며 문제를 제기할 때 대부분 무언가를 요구하고 얻기 위한 목표에 있지, 남을 돕기 위한 주장은 아닌 경우가 많다.

사회에서 개인은 고용 관계에 속한 상태에서 경제생활을 영위할 수 있다. 이러한 고용 관계에서는 사용자와 노동자 간의 갑을 관계 종속으로 인해 노동자의 열악한 노동 환경을 개선할 수 없었다. 이러한 인식은 법 개혁으로 이어졌는데, 바로 노동 삼권이다.

노동 삼권은 노동자의 단결권, 단체교섭권, 단체행동권을 말하는데, 노동자의 권리로 보장하고 있다. 이 권리를 행사하면서 국가나 제3자로부터 부당한 간섭이나 제재를 받지 않을 자유가 있으며, 경제적 약자인 노동자를 보호하기 위해 국가적인 배려를 요구할 수 있다.

코로나로 전 세계가 미증유의 상황을 겪고 있다. 이후의 사회는 이전으로 완벽하게 돌아갈 수 없다. 노동 환경의 변화, 근무 형태, 각종 모임과 경조사, 취미생활 등 우리의 모든 일상이 달라졌다. 따라서 의료, 교육, 복지 등 이 사회를 지탱해주는 다양한 제도의 변화 또한 불가피해졌다. 이전과 같은 체제로는 이 위기를 극복해낼 수 없다. 전 국민이 코로나를 겪으면서 변화의 필요성에 공감하고 있다.

코로나19 이전의 노동의 화두는 일의 미래였으며, 기계와 경쟁해야 할 인간의 일자리였다. 인공지능과 빅데이터 기반의 자동화로 인간 노동의 소멸이 이루어질 것이라는 우려도 제기되었다. 인공지능은 노동계의 일자리 감소에 대한 반발과 큰 투자 비용으로 일부 기업을 제외하고 빠르게 확산되지 않았다.

그러나 코로나19는 비대면 경제 활동을 촉진하였고 디지털 전환으로의 가속화를 부추겼다. 오프라인 공간이 축소되면서 온라인 디지털 공간이 확장되면서 일의 미래를 현재의 일로 빠르게 변화시켰다.

특히, 제4차 산업혁명과 인공지능 시대를 맞아 기술 혁신으로 인한 새로운 디지털 산업의 일자리가 증가하였다. 그러나 제조업은 전 업종에 걸쳐 구조 조정이나 해외 이전 등으로 고용 감소 추세에 있다.

디지털·그린 뉴딜로의 전환에 따른 산업 구조 변화로 인한 일자리 창출도 중요하지만, 사라지고 있는 일자리 정책에 대한 대비가 필요하다. 일자리가 사라졌다고 해서 노동자까지 사라지고 없는 것은 아니기 때문이다. 불안정한 삶의 문제는 지금 당장 해결이 시급한 문제다.

따라서 디지털·그린 뉴딜 산업 구조 속에서 불안정한 노동에 대한 대책을 마련해야 한다. 디지털 인공지능의 혁신적인 기술 개발이 이뤄지고 이에 따른 창업이 확산되는 과정에서 생긴 새로운 일자리가 표준 노동과는 전혀 달라 불안정하게 위치함에 따라 사회적으로 문제가 되고 있다. 특히 플랫폼 노동자, 1인 기업, 장시간 근무로 인한 수당 지급으로 인해 단기간 알바의 급증 등이 해당한다.

양질의 일자리가 아닌 불안정한 일자리가 점차 확산되면서 우리 사회의 불평등과 양극화 문제가 심각해지고 있다. 노동, 생활, 생산 등 사회 전반에 커다란 영향을 미친 코로나19는 사회의 취약한 점에 파고들어 그동안 숨겨왔던 문제를 들추어냈다. 근로 계약 형태로 고용이 이루어지지 않은 노동자 계층은 노동법과 사회보험의 보호를 받지 못하고 있으면서 그달 벌어 그달 사는 걸로 만족해야 했다. 그런데 이들을 전 국민 고용보험으로 보완하겠다는 정책은 일자리 상실 이후의 대책일 뿐, 오늘을 사는 노동자에게 해당하지 않는 제한된 수준의 정책이다.

우리 사회에는 다양한 유형의 노동 시장이 있으며 국민은 노동하며 살아간다. 노동법은 노동자의 이익 보호라는 작은 목표에서 벗어나 국민의 모든 종류의 노동을 보호하고, 노동의 결과가 당연하게 보상받는 과정에도 관심을 기울여야 한다. 그러나 독립자영업자, 특수형태 근로 종사자, 예술인, 대리기사, 프리랜서, 농업, 플랫폼 노동자 등은 사용자에게 종속되어 있지 않아 노동법상 보호되지 않는다.

점차 노동자의 권리가 커지는 만큼 노동법 적용 범위의 확대, 근로자에서 노동자로의 개념 전환, 노동의 가치와 개념 확대, 다양한 노동 거래 방식의 정의, 1인 노동의 자립 지원, 자영 노동의 지원 등 노동법의 취지를 돌이켜 근본적인 고민을 다각도로 해야 한다.

노동정책으로 해결하는 사회안전망 구축

사회안정망은 빈곤에 대한 최후의 보루다. 생활 유지를 위한 수단이 없는 사회구성원이 자력만으로는 생활을 유지할 수 없는 경우 의존할 수밖에 없는 사회적 장치, 즉 최종적인 의존처다. 국가나 지방정부와 같은 정책 주체의 관점에서 볼 때 자력만으로는 생활을 유지할 수 없는 상태에 놓인 사회구성원을 정상적인 노동 및 사회 활동이 가능할 때까지 최소한의 생활 유지가 가능하도록 해주기 위해 준비하고 보유하는 수단을 의미한다.

더구나 시기가 시기인 만큼 코로나19 대응 차원에서 사회안전망 구축의 중요성이 강조되고 있다. 스스로 움직이는 경제 순환 논리를 극대화하는 시장주의라는 최적의 시스템에서 국민 개개인이 스스로 생존을 위해 대책을 찾아갈 수 있도록 돕는 힘을 가진다.

정부 입장에서 시장 관리는 이러한 시장의 성질에 기반을 두고 있고, 사회안전망 구축은 기반 위에서 핵심이 되어 작용한다.

건강한 사회안전망은 국민에게 생활에 대한 불안감을 없애주면서 새로이 경제 활동을 하는 데 자신감을 심어준다. 이로 인해 국민 경제가 원활하게 돌아가고, 결국 역동적인 국민을 만드는 데 기여한다.

사회안전망은 기초 생활을 보장하는 차원에서 노령, 질병, 실업, 산재, 빈곤 등을 보조하기 위하여 사회보장제도와 함께 정부나 공공부문에서 주고 제공한다.

대표적인 사회안전망은 국민연금, 건강보험, 고용보험, 산재보험 등 4대 보험으로 주로 금전적인 지원이 대부분이다.

그러나 사회 구조가 변화하고 각종 기술이 개발되는 등 신산업이 날로 성장해가면서 전통적인 사회안전망으로 보호할 수 없는 사각지대 취약 계층이 날로 늘고 있다. 대표적인 예가 플랫폼 산업이다.

기존 산업에서는 고용주와 피고용인을 특정할 수 있어서 사회보험의 사업주와 노동자를 위한 특정한 보험 가입이 가능했다. 그러나 최근에는 노동 구조의 변화로 노동자 지위가 모호해지고, 고용주가 하나가 아닌 둘 이상이 생기는 등 다양한 양상이 생김에 따라 이전과는 다른 양상의 제도 구축이 요구되고 있다.

이에 따라 정부가 일일이 찾아내서 지원하는 데는 한계가 있다. 제도로 개선하자니 사회 현상이 급변하고 있어 속도를 따라가기 역부족이다.

이럴 때일수록 지방정부의 역할이 중요해진다. 제도적으로 현실에 맞지 않는 지원 규모나 행정상 오류가 적지 않게 발생함에 따라 불평 불만과 민원이 끊이지 않고 있다. 정부의 사회안전망이 절실하게 도움이 필요한 사회적 약자에게 적절하게 지원되고 있는지 다시 살펴볼 필요가 있다.

사회에서 안전망 구축은 복지정책에 있어 최우선으로 실현해야 할 과제다. 복지를 위해 증세가 필요하다는 말도 필요 없을 정도로 0순위가 되어야 한다. 정권교체 5개년 국가예산편성계획과 예산을 효율적으로 운영하기만 해도 달성할 수 있는 정책이다. 우리나라의 경제 규모가 충분히 가능하도록 기반을 만들었기 때문이다.

더욱더 촘촘한 사회안전망을 구축하기 위해서는 막대한 재정 투입이 불가피하지만, 활기차고 건전한 경제가 이를 탄탄하게 뒷받침해 줘야 한다. 많은 국내외 전문가는 우리나라의 국가 경쟁력의 가장 큰 취약점은 경직된 노동시장에 있다고 입을 모은다. 특히, 재벌이 경제를 독식하는 우리나라에서는 노사가 사회적 대타협을 이루기가 매우 힘들다. 따라서 새로운 사회안전망을 구축하려면 노동시장의 경직성을 해소하기 위한 근본적인 대책이 필요하다.

덴마크 등 북유럽 국가들은 경제 발전과 빈부 격차를 동시에 해결한 비법으로 유연 안정성 정책을 펼쳐 유연한 노동시장과 튼튼한 사회안전망을 구축했다.

특히 독일은 하르츠 개혁으로 해고 규제를 완화하고, 실업급여를 줄이는 대신 시간제 일자리는 크게 늘렸다. 노사 간 협력관계 구축과 노동시장 유연성 제고 등의 개혁을 이뤄내 국내 투자와 고용을 늘리는 데 성공했고, 이제는 유럽 최강의 경제대국으로 우뚝 섰다.

하르츠 개혁의 핵심은 노동 유연화에 있었다. 노동 유연화는 노동시장이 경제 여건에 대응할 수 있도록 임금, 고용 정책, 근로시간 등에 변화를 주는 것을 말한다. 기업이 필요로 하는 만큼 인원을 늘리거나 줄이고, 파견 노동 등으로 고용을 조절하였다. 성과를 바탕으로 임금을 달리 주는 방식도 채택했다.

옛말에 '가난 구제는 나라님도 못 한다'고 했다. 사회안전망을 구축하는 이유가 단기적으로 가난 구제에만 목적을 둔다면, 궁극적인 목적 달성에는 부족함이 있다. 현재 빈곤에서 벗어나고 어려움을 극복하는 동시에, 내일을 살아갈 동기와 미래에 대한 꿈과 희망이 있어야 사람은 살아갈 수 있다. 자립할 수 있는 환경을 만들어주고 기회를 제공해주는 것, 그것이야말로 궁극적인 사회안전망의 존재 이유라고 할 수 있다.

03

국가의료체계의 공공성 확대

반쪽짜리 공공성

2022년 2월 3일, 책상 위에 휴대전화가 드르륵 울리며 코로나19 확진자 발생 소식을 알려준다. 신규 확진자 수가 2만 명을 넘겼다. 변이 오미크론이 빠른 전파력으로 유행을 주도하면서 3월 초중순쯤에는 일일 확진자가 10만 명을 넘어설 것이라고 예상하였으나 3월 23일 49만 명 정점을 찍고 감소 추세로 돌아서고 있다.

오미크론이 우세종이 되면서 전파력은 강하나 중증화 위험이 낮은 특성을 고려해 정부는 급하게 방역의료체계를 일시에 전환하였다. 동네병원이 코로나 진단 검사에 참여하고, 비대면 재택치료 관리까지 담당하는 것으로 바꾼 것이다. 다행히 오미크론이 고위험성이 떨어지니 망정이지 공공의료체계에 과부하가 걸려 의료붕괴가 될 뻔했다. 동네병원이 코로나를 담당해준다고 해도 갑작스러운 전환에 세부 지침과 인프라가 없는 상황에서 코로나19 진단검사와 치료를 전담해줄 동네병원은 사실 많지 않다.

3차 유행의 정점이던 2021년 크리스마스에는 신규 확진자가 1,200명 이상 발생했고, 중환자 병상이 부족해 의료 붕괴 위기까지 왔었다. 병상이 부족해 1,000명 이상 입원 대기 중이었다.

아이러니하게도 우리나라는 전 세계에서 인구당 가장 많은 병상을 보유한 나라다. 병상 수 자체로만 보면 OECD 평균의 2.6배다. 그런데 코로나 환자가 3,000명을 넘어서면 병상이 부족해진다.

도대체 어디에서부터 잘못된 걸까?

지난 2년 동안 뫼비우스의 띠처럼 반복되는 이 현상은 2020년 1월 중국인 입국 금지를 하지 않은 탓일까, 아니면 초반에 셧다운이라는 강력한 봉쇄 조치를 하지 않은 탓일까. 이제 정부는 성인 3차 백신 접종에 이어, 소아·청소년 코로나19 백신 접종까지 논의하고 있다.

코로나19 환자를 돌볼 병상이 부족해서 공공병원을 늘려야 한다는 목소리도 때마다 반복해서 나오고 있다. 공공병원 논의가 나오던 1년 전에 첫 삽을 떴더라면 이미 병원 몇 채는 짓고도 남았겠다 싶다.

최근 들어 코로나19 병실도 문제지만, 도미노 현상으로 중환자실이 꽉 차서 비코로나 중환자실도 없는 지경이 이르렀다. 의료기술은 선진국이고, 오바마 전 미국 대통령도 부러워하는 의료보험제도를 가진 우리나라가 왜 이렇게 됐을까?

문제는 공공병원에 있다. 한국의 공공병상은 전체 병상의 10% 수준이다. 10%밖에 되지 않는 공공병상이 코로나19 환자의 80%를 책임지고 있다. OECD 국가 공공병상 평균 73%의 7분의 1에 불과하다. 코로나19를 대응하는 데 가장 중요한 역할을 하는 공공의료기관은 221곳 5.5%으로 정부는 이렇게 작은 규모에 코로나 환자 치료를 전담시킨다. 지방의료원 병상 3.78%를 포함해 전체 병상의 10%인 공공병상으로 이 위기를 대처하고자 하니 의료가 붕괴 직전까지 가게 된 것이다.

코로나 팬데믹을 겪으면서 한국 사회는 여러 분야에서 민낯을 노

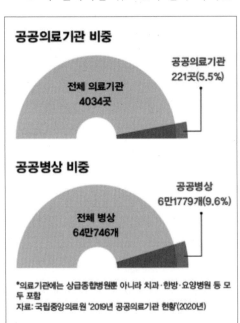

골적으로 드러내고 있다. 어떤 부분에는 잘 대처하고 있지만, 어떤 부분에서는 상식선에서도 이해할 수 없는 체계의 붕괴와 부재가 드러나고 있다.

의료는 국민의 건강과 생명 보호에 직결된다. 소방서와 경찰서처럼 병원도 공공시설로서의 역할을 다해야 한

다. 우수하고 충분한 인력으로 의료 인력에 보다 나은 투자를 아끼지 않고, 이윤 중심이 아닌 환자 중심의 의료체계가 형성되어야 한다.

돈보다 생명 먼저

우리나라의 공공의료는 허약한 기반 위에 서 있다. 처음부터 공공성을 확보하고 고려하지 않았기 때문이다. 사회 전반을 위한 공공성을 염두에 두고 공적 재원을 투명하게 걷고 관리하는 대신, 사적 영역으로 부담을 떠넘기고 민간병원 설립에 낮은 이자의 대출을 승인해주는 방식으로 병원을 늘렸을 뿐, 공공병원 설립에는 그동안 뒷짐만 지다가 코로나 사태로 의료의 한계가 드러나고 말았다.

1970년대 공무원과 군인을 대상으로 건강보험을 도입하였고, 1989년에는 전 국민 건강보험을 시행했다. 의료 수요가 폭발적으로 늘어났지만, 정부는 공공병원을 짓지 않았다. 정부는 공공병원을 짓는 대신, 병원에 저리 대출을 해주었다. 당시에는 국가에서 운영하는 공공병원이 없었다.

따라서 의료보험제도를 유지하려면 적정 의료기관을 확보할 필요가 있었기 때문에 민간의료기관을 강제 지정하여 제도를 시행했다. 국가는 직접 병원을 짓는 대신, 개인의 병원을 건강보험 적용 대상으로 삼아 국가가 수가를 결정하여 의료비 상승을 막았다.

그러자 의사는 더 많은 돈을 벌기 위해 환자에게 더 많은 약을 처방하는 방식으로 수익을 남겼다. 의약 분업이 이루어진 후에는 건강보험이 적용되지 않는 비급여 진료 항목을 늘리면서 수익을 남겼다. 그렇게 20여 년이 흐르고 코로나가 터지자, 이제 공공의료라는 화두가 출현하게 되었다. 이번에도 국가는 공공병원을 직접 짓는 대신, 민간병원을 통제하는 방식으로 공공의료가 흘러가고 있다.

코로나로 눈앞에 사람이 죽어나가도 우리 병원은 못 내놓겠다는 민간병원이 90%가 넘는다. 나라에 공공병원은 없고 민간병원의 병상은 남아돌지만, 그 병상을 동원하지 못하는 이 아이러니한 체계가 이어지고 있다.

우리나라의 의료체계는 이미 극도로 시장화되었다. 생명보다 이윤을 우선하는 방식으로 고착화된 민간병원은 코로나 위기에서 정부의 협조요청에도 불구하고 "중환자가 많아 병실을 내줄 수 없다"는 이유로 공적 부담을 지지 않고 있다.

공공의료 체계를 위한 새로운 제안

우리나라의 병상은 2019년을 기준으로 인구 1,000명당 12.4개로 OECD 평균인 4.4개보다 2.8배나 많다. 그런데 코로나 위중증 환자를 위한 병상은 부족하다. 공공병상은 부족하고 민간병상만 많기 때문이다.

과거 공공병원은 공익성과 공공성이라는 성격이 있었지만, 지금은 효율성을 추구한다. 즉, 돈을 벌어 가치를 창출하면서 초과 이익을 거두는 방식이다. 그러나 보건의료는 국민의 생명을 담보로 하기에 복지가 되어야 하고, 공공의료는 필수 공공재가 되어야 한다.

국립중앙의료원이 2020년 6월 국민 1,000명을 상대로 한 설문조사 결과, 의료서비스를 공적 자원이라고 보는 사람이 3명 중 2명으로 67.2%가 나왔다. 이전에는 22%에 불과했으나, 코로나로 인해 한 나라의 공공의료체계가 어떻게 구성되어 운영되어야 하는지 국민의 인식이 많이 바뀌었음을 알려준다고 볼 수 있다. 관건은 어떻게 할 것인가다.

의료보험공단에 따르면, 공공병원 설립 비용은 300~500병상 규모의 경우 2,000억 원 정도로 추산된다고 한다. 매년 국내총생산의 0.15%, 건강보험 재정의 4%에 불과한 3조 원가량을 투자하면 공공병원을 10개씩 만들 수 있다. 운영 비용은 건보 진료로 수입을 내기에 다른 사회간접자본에 비해 많이 들지 않는다. 공공병원 설립 비용은 고속도로 4~7km, 어린이집 100여 개, 유치원 40~50개, 노인요양시설 30여 개를 짓는 것과 비슷한 수준이라고 한다.

저소득 후진국에서 선진국으로 도약했다지만, 아직도 국민의 기본권 수준이 과거의 의식주 해결에서 벗어나지 못하고 있다. 의식주는 삶의 기본 요소이지만, 그것만으로는 이제 충분하지 않다.

국민의 올바른 비판 능력과 참여성, 자율성이 없다면 진정한 선진민주주의는 불가능하다. 오직 자본과 이윤으로만 굴러가는 사회라면 진정한 선진사회라고 볼 수 없다. 국민의 건강권에 대해 근본적인 접근과 해결책이 필요하다.

현재, 우리나라의 공공보건의료체계는 과거 사스, 메르스에 이은 코로나19까지 감염병이 확산될 때마다 취약성을 보였다. 여러 차례 공공의료에 대한 시대적 목소리가 커지고 있지만, 현실화되지 않고 있다. 공공병상뿐 아니라 공공의료 인력도 매주 부족하다. 더구나 공공의료기관마저 분리되어 관리되는 실정이다. 따라서 공공의료기관을 통합하여 유기적으로 운영 및 관리하는 체계가 필요하다.

코로나 대응을 최전방에서 방어하는 질병관리본부가 질병관리청으로 승격되었지만, 보건복지부 산하에 있기 때문에 무늬만 승격이라는 지적도 잇따른다. 보건복지부를 보건의료 분야인 보건부와 사회복지 분야인 복지부로 나눠 별도의 역할과 전문성을 요구해야 한다.

코로나가 끝날 기미가 보이지 않으며, 지구 온난화와 환경오염으로 제2의 코로나가 나오지 말라는 법이 없기에 공공의료 관리를 위한 별도의 컨트롤타워가 필요하다.

사상 초유의 팬데믹 사태를 겪으면서 공공의료체계 개편은 새로운 한국의 복지국가 건설을 위해 반드시 필요하다. 차별적이고 자본 중심인 우리나라의 의료 서비스는 돈 있는 사람이 더 큰 병원에 가서 더 비싼 치료를 받는다.

전 세계에서 가장 시장화된 한국의 의료체계를 공공체계로 전환하려는 정책적 결단과 책임감이 필요하다. 국가는 민간에 맡겨두었던 공공병원 인력·시설에 대한 투자와 경영 자율권을 보장하고 관리 업무를 전담할 기관을 설립해 통합적으로 관리·지원해야 한다.

04

저출산 극복을 위한 패러다임의 전환

개인의 출산에 국가가 개입해야 할까

한국은 초저출산 국가다. 한국의 출산율은 OECD 꼴찌를 넘어 전세계 꼴찌이다. 계속되는 저출산으로 국민연금이 위기 상황이며, 2023년부터는 징병 대상인 청년 남성이 20만 명대로 급감한다는 연구 결과까지 나왔다. 2006년 영국 옥스퍼드대학교 인구문제연구소 데이비드 콜먼David Coleman은 저출산으로 지구상에서 사라질 첫 번째 국가로 대한민국을 거론했다. UN 밀레니엄 프로젝트 일환인 〈2020 한국미래보고서〉도 한국이 인구 감소로 인해 2065년에는 중국 경제에 흡수 통합될 것이라는 전망을 하기도 했다.

1980년대 초반부터 시작된 저출산 현상은 2000년대 들어 초저출산 합계출산율 1.3 미만의 고착화가 이루어졌고, 최근 들어 그 수준이 더 심각해졌다. 통계청과 저출산고령사회위원회에 따르면, 2022년 합계출산율은 0.6으로 지난 1년간 가임 여성 15~49세 1명이 평균적으로

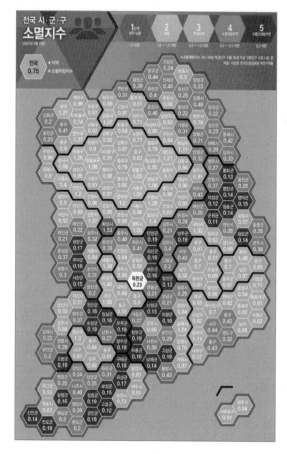

는 1명의 자녀도 낳지 않았다. 1.0 미만의 합계출산율은 2018년부터 5년 연속 기록한 수치이며, 세계 최저 수준이다.

한국고용정보원의 조사 결과, 2020년 5월 기준 전국 228개 시군구 가운데 42%가 '소멸 위험지역' 으로 분류되었다. 2014년 79곳에서 2016년 84곳, 2018년 89곳으로 늘다가 2020년에는 105곳을 기록했다. 105곳의 인구 소멸 위험지역 가운데 92%인 97곳은 비수도권인 지방이었다. 소멸 위험지역은 최근 수년 사이 '군' 단위에서 '시·구' 단위로 늘어나고 있다. 2014년 소멸위험 지역 가운데 시 단위 지역은 11곳이었지만, 2020년에는 28곳으로 늘었다.

출산율·출생아동 추이　　　　※합계출산율: 여자 1명이 평생 낳을 것으로 예상되는 평균 출생아 수
단위: 명, 자료: 저출산고령사회위원회

그런데도 정부는 2003년이 되어서야 이 사실을 인지하고 공식적으로 대응하기 시작했다. 그 배경에는 저출산 현상에 따른 국민연금기금 고갈에 대한 국민연금발전위원회의 문제 제기가 있었다. 정부는 늑장 대응으로 현재까지 초저출산 현상의 장기화를 초래하고 말았다. 이미 1984년에 저출산 사회에 진입했지만, 정책적 관심과 대응이 없었으며, 1996년에 인구억제정책이 폐지된 이후에도 빠르게 출산율이 감소하는 현상을 외환위기의 영향으로 인식하면서 대응이 미진하였다.

정부는 2005년 '저출산·고령사회기본법' 제정 이후 2006년부터 현재까지 3차에 걸쳐 '저출산·고령사회기본계획'을 추진하고 있다. 출산율 제고를 위해 무상보육을 시행하고, 아동수당을 지급하는 등 정책을 시행하고 있지만, 여전히 출산율은 반등의 기미를 보이지 않는다.

국가에는 15~65세에 이르는 생산가능인구가 중요하다. 그러나 지금까지의 출산율을 볼 때 생산가능인구의 감소와 인구 절벽, 초고령 사회 진입, 노인 부양비의 증가와 군 인력의 반토막으로 여군 증원은 물론 외국인이 입대해도 부족해질 수 있는 국가안보 특수 상황까지 벌어져 이로 인한 재정 지출이 빠르게 증가할 예정이다.

유럽 국가들은 우리보다 먼저 저출산 현상을 경험하였고, 유사한 사회 문제를 안고 있다. 국가적 위기로 판단하고 정책을 펼친 결과, 성공적으로 인구를 적정하게 유지하는 국가와 우리나라처럼 지속적으로 낮은 수준인 나라도 있다.

그동안 보편적 무상보육과 같은 보육 정책의 확대, 육아휴직 정책의 강화, 아동수당의 도입 등에도 출산율 회복이 나아지지 않는 점을 보았을 때, 저출산 정책의 패러다임을 전환할 필요가 있다. 정책을 추진함에 있어서 저출산 현상에 대한 종합적인 이해가 필요하다.

결혼, 임신, 출산은 개인이 선택해야 하는 문제다. 과거 인구를 억제하던 가족계획사업처럼 국가가 통제하는 정책은 지금 이 시대에 적절하지 않지만, 그렇다고 저출산 현상을 내버려둘 수도 없다. 출산을 원하지만 여러 여건 때문에 선택하지 않을 수 있기 때문에 정책을 현실에 맞게 추진해야 하는 것이다.

저출산 현상의 원인은 다양하다. 높은 집값, 여성의 높은 교육수준과 경제 활동 참여, 유교사상에 입각한 여성의 불평등한 가족 내 역할, 출산으로 인한 경력 단절, 직장과 병행해야 하는 가사일과 육아에 대한 고단함, 동아시아 국가에서 나타나는 자녀에 대한 매우 높은 교육열과 그로 인한 사교육비 투자가 저출산에 미치는 요소일 수 있다. 따라서 단지 영유아 무상보육과 아동수당에만 초점을 맞출 것이 아니라 시간제 근로와 육아 휴직제도, 조세 체계, 교육 체계, 주거정책 등 다각적인 방면에서의 국가 개혁만이 출산율에 중요한 영향을 미친다.

출산을 장려하기 위한 정책은 그 나라의 역사적 배경, 문화, 사회체계와 부합했을 때 성공할 수 있다. 여성이 출산 후에도 경력이 단절되지 않는 노동 환경과 노동정책, 아이를 안심하고 맡길 수 있는 보육 환경, 사교육 없이도 교육시킬 수 있는 초중고 교육정책 등 한 사회의 전반적인 체계를 손봐야 하는 장기적으로 달성해야 하는 과제다. 이러한 변화에는 사회 시스템의 큰 변화와 노력, 그리고 국민적 합의가 필요하다.

저출산 해법을 찾은 스웨덴의 정책

가족정책을 효율적으로 도입하려면, 방법과 시기가 중요하다. 특히, 긴 시간과 비용이 드는 정책이기 때문에 정책의 일관성이 유지되어야만 한다. 가족 구조와 규모를 바꾸는 일은 현실적으로 힘든 일이기 때문에 일관된 정책 기조가 특히 중요하다.

정권이 바뀔 때마다 정책이 변해서 장기적으로 일관성을 유지할 수 없는 정책은 결과적으로 매우 비효율적이며, 저출산 극복을 위한 가족정책에는 최악의 결과를 가져올 수 있다.

우리나라는 조만간 인구 절벽에 직면할 것이라고 한다. 생산가능인구15~64세 비율이 급속도로 줄어드는 인구 절벽 상황은 베이비붐 세대1955~63년생가 은퇴하는 시점인 2025년부터 시작될 것으로 예상된다. 통계청 인구 추계에 따르면 2025년에는 65세 이상 인구가 1,000만 명을 넘어선 반면, 신생아는 43만 명에 불과할 전망이다.

통계청 발표에 따르면 '2020년 인구동향조사 출생·사망통계 잠정 결과에서 우리나라는 사망자 수가 출생아 수를 넘어서는 OECD 유일 사망자가 더 많은 '데드크로스'가 처음 발생했다. 저출산 추세와 코로나19 충격으로 2038년부터는 5,000만 대한민국 인구가 3,000만 명을 하회할 것으로 예상된다.

역사적으로 육아는 어머니만의 책임인 나라가 많다. 따라서 가족 정책은 출산으로 인한 여성의 사회 진출 감소와 같은 불이익을 해결하는 데 일차적인 목표를 두어야 한다. 출산율은 여성의 노동시장 접근성과 밀접한 관계가 있기 때문이다.

특히, 스웨덴이 가족정책에서 성공한 모범 사례국으로 손꼽히는 이유는 가정과 직장 생활의 균형을 유지했을 뿐만 아니라, 육아휴직으로 인한 불이익을 받는 일이 없도록 한 정책 덕분이다.

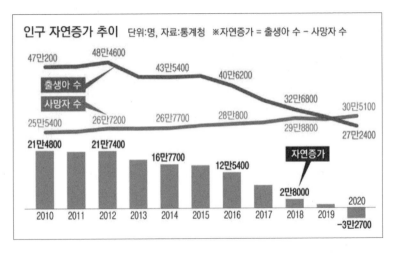

100년 전만 해도 가난한 농업국이었던 스웨덴은 농사를 짓기 어려운 돌밭과 가난, 취업난으로 인해 1860년대부터 1930년까지 인구의 3분의 1이 미국으로의 이민행을 선택하면서 인구 감소와 더불어 출산율이 떨어지기 시작했다.

출산율의 변화는 장기간에 걸쳐 나타나는 현상으로 저출산이 지속되면 급속한 고령화 사회로 진입하게 될 것이라는 학자들의 경고가 나오기 시작했다. 출산율이 떨어지면 인구가 줄어드는 것뿐 아니라, 고령층이 많아지고 유소년은 적어지는 역피라미드형 인구 구조로 바뀐다. 일손은 줄어드는데 노령연금 부담이 커지는 문제가 발생한다.

스웨덴 정부는 예방적 차원에서 출산 장려를 포함한 사회정책의 필요성에 동감하고 국민적 관점에서부터 가족정책을 시행하기 시작하였다. 임신수당 지급, 육아휴직, 바우처 지급, 야근 축소, 무료 정기검진 등 당시에는 파격적인 제도를 도입하였다.

오늘날 우리나라와 1930년대 스웨덴은 상황이 다르지만, 당시 스웨덴이 일찍부터 저출산의 심각성을 인지하고 해결하면서 성장 복지국가의 모범 사례가 됐다는 사실은 다음과 같은 시사점을 안겨준다.

첫째, 저출산 현상은 누적된 현상의 결과물이다.

최근 사회 문제가 대두되면서 부각된 현상이 아니라 여러 인과 관계가 누적되어 얽히고설킨 현상이라고 봐야 한다. 일자리 부족→소득 양극화 및 저하→늦은 결혼 혹은 미혼→집값과 출산 후 과도한 육아비용→저출산으로 정리할 수 있다. 스웨덴은 청년 일자리 문제를 해결하는 일부터 시작했다. 따라서 전체 일자리에서 공공 부문이 차지하는 비율이 30%가 넘는다.

둘째, 출산과 육아를 복지가 아닌 사회 문제로 봤다.

2000년 이후 스웨덴 여성들의 노동시장 진출 비율은 남성과 비슷하게 높다. 이 수치는 국제 표준과 비교해도 높은 수치다. 우리나라 여성의 경우 남성과 비교했을 때 사회 진출 비율이 현저히 낮았다. 2017년에는 한국 여성의 57%가 직장생활을 했다. 남성은 전체 76%가 직장생활을 했다. 그러나 스웨덴은 여성의 75%, 남성의 78%가 각각 경제 활동을 하고 있었다. 우리나라는 다른 저출산 국가들과 마찬가지로 여성의 노동시장 접근이 어렵다.

셋째, 임신과 출산은 질병이 아니다.

우리나라는 임신을 하면 병원부터 찾고, 출산 관련 정책도 병원을 통한 복지에 집중되어 있다. 스웨덴은 임신 5개월부터 아이가 세 살에 이르기까지 병원비를 포함하여 육아보조금을 지원하고 있다. 미래의 국가는 아이들이 건강해야 강성해진다. 병원 중심의 정책에서 가족 중심의 정책으로 전환해야 한다.

넷째, 출산과 육아로 인한 소득의 감소로 삶의 질이 떨어져선 안 된다.

스웨덴이 1974년 육아휴직제도를 도입한 목적은 자녀 양육의 책임을 부모가 공동으로 부담해야 한다는 사실을 인식시키기 위함이었다. 육아휴직제도는 근로자의 육아 부담을 줄이고 계속 근로를 지원함으로써 생활 및 고용안정을 도모하기 위함이다. 장기적으로는 경제적 안정과 양성 평등을 지향하는 데 있다. 육아휴직과 관련하여 여전히 제기되는 문제 중 하나는 소득의 감소로 인한 부모**특히 엄마**의 희생과 삶의 질 저하다. 스웨덴은 1955년에는 3개월이었던 출산휴가를 1962년에 6개월로 확대했다. 이후 1974년에는 부모 모두 육아휴직을 적용했다. 휴직기간은 점차 7개월에서 15개월까지로 늘어났으며 육아휴직 수당도 급여의 80% 지급으로 유지하고 있다.

다섯째, 육아는 부모가 공동으로 책임진다.

스웨덴은 세계에서 맨 먼저 남성 육아휴직을 도입한 나라다. 1974년 여성만 쓸 수 있는 출산휴직을 없애고 부모 모두 자녀를 돌볼 수 있도록 육아휴직을 도입했다. 그러나 육아휴직을 쓰는 남성은 여성보다 현저히 적었다.

1991년 정부는 '남성만 쓸 수 있는 육아휴직'으로 30일가량의 기간을 할당했다. 이 할당량은 그 뒤 여성과 동일한 90일까지 늘어났고 남성의 육아휴직 사용률은 빠르게 올랐다. 또한, 육아휴직수당을 고용주가 부담하는 것이 아니라 사회보험인 육아휴직보험**부모보험**으로 지급한다. 부모보험, 부부 분리과세 같은 제도도 일과 가정생활의 균형을 찾는 데 핵심적인 역할을 한 정책으로 꼽힌다. 부모보험은 자녀 출산 후 부모가 1년간 수입의 80%를 보장받게 함으로써 여성의 경제활동 참여율을 높이고 가족 내 양성 평등적 역할 구조를 가능하게 한다. 임신·육아휴직 기간에도 생활을 유지할 수가 있으니, 일하는 부모들이 안심하고 아이를 낳아 키울 수 있다. 어린이집의 보편적 무상보육을 늘리는 정책에만 집중하기보다 양성평등에 초점을 두어야 할 이유를 여기에서 찾을 수 있다. 출산과 육아에 대한 정책은 개인의 가정사라기보다는 미래의 국가를 위한 투자라는 출발선에서 시작해야 한다.

여섯째, 자녀 육아에 관한 비용을 자녀가 성인이 될 때까지 정부가 부담한다.

아동은 미래의 노동력이자 미래의 납세자로 보고 미래 세대를 위한 복지를 과감하게 확대하였다. 보육 서비스 등 자녀 관련 비용은 원칙적으로 무료다. 19세 이하의 미성년자에 한해서는 의료비, 치과 치료, 대학 학비까지 무료다.

스웨덴은 '사회보장 혜택은 권리' 라는 점을 명확히 하였으며, 국가는 모든 국민에게 기본적인 보장을 제공해야 한다는 점을 분명히 하였다. 세금으로 재정을 지원받고, 통합된 체계로 일관성 있는 원칙을 갖고 보편적 복지를 펼쳐나가고 있다. 스웨덴은 저출산 대책으로 육아를 지원하고, 자녀 관련 비용의 무료화 제도로 저출산을 극복하고 해결하기 위한 큰 숙제를 마쳤다.

일 vs 가정인가, 일 + 가정인가

우리나라는 20세기 후반 세계에서 가장 급격한 출산율 저하를 경험하고 2000년대부터 초저출산 국가로 진입했다. 이에 정부는 초저출산이 노동력 감소, 급격한 인구 고령화 및 노인 복지에 대한 재정적 및 사회적 부담 가중으로 이어진다고 보고 2003년부터 출산율을 높이기 위한 정책과 프로그램을 실시했다. 그러나 안타깝게도 이들 정책과 프로그램은 출산율 변화에 거의 아무런 영향을 미치지 못했다.

우리나라 전통 가족의 가장 큰 특징은 남아선호사상과 엄격한 성역할의 분리에 있다. 조선시대에 확립된 유교 사상, 일제의 식민지 통치, 1950년대 한국전쟁과 정치·사회적 체계, 1960년대 이후 경제적 급성장 등 급변하는 시대 흐름 속에서 전통가족의 가치와 양식이 영향을 받으면서 점차 변화의 거센 흐름을 탔다.

1960년대부터 고도 성장을 이루면서 1990년대까지 1인당 GDP가 4배씩 증가하는 고도 성장을 이룩함과 동시에 교육의 확대도 이루어졌다. 한국통계청에 따르면, 여성의 고등교육 진학률은 1975년 6%에서 1980년 22%로, 그리고 2005년에는 81%까지 증가했으며, 2000년대에는 남성과 여성의 고등학교 진학률이 같아졌다.

여성의 교육 확대와 노동시장의 참여로 여성의 역할이 변하기 시작했다. 그러나 전통적 가족규범이 남아 있다보니 여성의 노동시장 참여가 제약을 받았는데, 2017년 여성의 노동시장 참여율은 OECD 평균63.6%에 미치지 못하는 58% 정도였다. 특히, 결혼과 출산으로 노동시장을 이탈했다가 복귀하는 M자형 참여율을 보이는데, 이는 다른 선진국처럼 가정에서 어머니의 역할이 강조되는 전통적 성역할 규범이 현재진행형임을 보여주는 결과라고 볼 수 있다.

결혼 양식도 달라지고 있다. 남녀의 결혼 연령이 점차 높아지고, 여성이 가임기에 결혼하지 않거나 출산을 하지 않는 경우도 늘었다. 여성이 결혼을 하지 않은 경우 육아와 가사노동에서 자유로우며 다양한 활동 참여 및 소득의 대부분을 개인 용도로 사용할 수 있다.

그러나 기혼일 경우 자녀를 출산하면 살림을 맡고 가족을 돌보며 가정을 위해 소득을 사용해야 한다. 복합적인 이유로 인해 1960년대 이후 우리나라의 여성 출산율은 급격하게 하락하기 시작하여 세계 최저수준을 기록하고 있다.

기혼 여성은 근무시간이 짧거나 유연한 제도를 선호하는데 실제 고용 형태가 선호하는 고용 형태와 다르고, 일과 가정의 양립에서 어머니의 희생이 강요됨에 따라 첫째를 출산한 이후에는 출산 중지를 선택하는 일이 많아졌다. 정부는 이러한 출산 추세가 점차 급격한 노동력 감소, 고령화 및 노인 복지에 대한 재정적·사회적 부담 가중으로 이어지자 출산율을 높이는 정책을 실시하게 되었다.

그러나 아직 여성의 출산율을 높인다거나 하는 긍정적인 영향력은 보이지 않고 있다. 현재 정부의 출산 정책과 가정친화적 기업 근무형태는 여성이 선호하는 수준으로 높이고자 설계하였지만, 결혼과 출산을 하지 않거나 미루는 문제는 다루지 않고 있어서 범위가 좁다는 비판을 받고 있다.

또한, 자녀가 꽃길만 걷길 바라마지 않으며 최고의 삶의 질을 보장해주기 위해 모든 시간과 돈을 집중한다. 특히, 우리나라의 부모는 다른 나라의 부모보다도 자녀를 더 잘 키워야 한다는 강한 압박감을 갖고 있다. 어릴 때부터 조기교육과 사교육에 투자하는 비용이 지나치게 많으며 좋은 대학에 진학시키기 위한 학원비 지출이 높다.

이러한 높은 자녀 양육비는 출산의 중요한 걸림돌이 된다. 프랑스는 교육비의 대부분을 정부가 부담한다. 반면, 우리나라는 프랑스보다 교육비 지출이 5배나 높으며 높은 교육열의 수치는 통계조차 낼 수 없을 것이다.

그렇다면 결혼, 출산으로 비롯한 고용을 장려하는 정책에서 필요한 핵심 쟁점은 무엇일까?

첫째, 일과 가정이 양립하는 가족정책의 현실적 실현이 요구된다.
한국 사회의 급속한 사회 · 경제적 성장은 사회 공동체와 가족 형태에 영향을 미쳤고, 일이냐 가정이냐 선택하게 만드는 사회를 만들었다. 따라서 개인의 요구와 다양한 선호도를 이해하고 유연한 가족 정책과 현실적인 근로형태를 수립하는 것이 매우 중요하다.

둘째, 생애 주기에 따른 단계별 요구에 발맞춰야 한다.

특히, 출산과 육아로 경력의 단절을 겪지 않도록 경력을 축적한다든가, 자녀 육아 및 교육 시기에 따라 변화되는 요구에 대처할 수 있는 정책 프로그램이 필요하다.

셋째, 성평등과 성차별에 경각심을 가지고 평등한 문화 조성에 힘써야 한다.

더불어 변화하는 사항을 효과적으로 적시에 알리면서 소통해야 한다. 나라마다 시기와 배경은 달랐지만, 공통적으로 일어난 출산율 저하 문제에 적극적으로 공감하고 해결책을 찾아 나서서 성공한 나라로는 스웨덴, 핀란드, 프랑스, 네덜란드가 꼽힌다. 이들 나라의 공통점은 어려서부터 성평등 정책을 통해 남녀 성 역할에 대한 전통적인 성역할 해체와 고정관념 탈피에 있다. 정부뿐 아니라 교육기관, 기업에서도 성평등 정책에 함께 참여하여 출산율 반등에 성공하였다.

넷째, 가정친화적 기업 프로그램에는 유연성이 필요하다.

기업은 사업 형태, 규모, 운영 방식과 목표 및 재정이 다르고 해당 직원의 가족 형태, 배경, 선호도 또한 매우 다양하다. 따라서 기업 프로그램은 해당 기업의 특성에 따른 유연한 방식이 필요하다. 예를 들어, 회사의 눈치를 보지 않고 일의 종류, 노동 형태에 상관없이 육아휴직을 자율적으로 쓸 수 있어야 한다. 안정적인 대체인력을 확보하여 육아휴직으로 인한 공백으로 동료에게 업무 과중이라는 짐을 주지 않도록 해야 한다.

다섯째, 건강한 지역사회 인프라가 필요하다.

일과 가정의 양립을 위해 충분한 여가를 누릴 수 있도록 안전하고 건강한 지역 인프라가 필요하다. 또한, 행복한 가정생활을 영위하기 위해서도 건강한 지역사회가 필요하다. 한 아이를 키우기 위해서는 한 마을이 필요하다는 말처럼 출생, 육아, 돌봄, 교육, 의료, 나아가 일자리 정책까지 생애 주기별 맞춤형 인프라가 지역에 녹아들어야 한다.

여섯째, 많은 시간을 함께 보내야 가정이 행복해진다.

매일 충분한 시간을 함께 보낼 수 있도록 출퇴근 시간, 총 근무시간, 학교 수업시간 등의 시간 조정이 필요하다.

일곱째, 회사에선 짧게, 가정에선 긴 시간이 필요하다.

일과 가정 환경이 변화하지 않는 한, 출산율 개선은 어려워진다. 여성이 가정을 이루려면 경력을 어느 정도 포기해야 하지만, 남성은 일을 계속한다. 프랑스와 오스트리아는 남녀 모두 한국보다 근무시간이 짧고 시간제 고용이 잘 발달되어 있다. 아직도 우리나라는 여성의 노동이 저평가되어 있으며, 경기 침체시 남성에게 우선권이 제공되는 등 가장 먼저 고통받는다.

마지막으로, 원할 때 안정적으로 출산할 수 있는 환경이 조성되어야 한다.
자녀가 학업을 마치고 취업하여 독립할 때까지 정책이 중단되어 지원받지 못할 것이라는 걱정 없이 장기적이고 안정적인 관점에서 정책이 유지되고 보장되어야 한다.

보편적 무상보육 정책을 개선하려면

저출산 문제는 더 이상 개인만의 책임이라고 볼 수 없게 되었다. 국가적 위기가 될 수 있는 출산과 양육 문제는 이제 국가의 지원이 뒷받침되어야 한다는 사회적 합의가 이뤄진 상태다. 정부는 출산율을 제고하고 여성의 경제 활동을 지원하는 목적으로 다양한 양육지원 정책을 지속적으로 확대해 왔다. 특히, 2013년에는 미취학 아동의 전면 무상보육을 실시함으로써 보육에 대한 국가적 책임을 한층 강화하였다.

그러나 그동안 민간보육시설에 대한 지원 확대로 시설 공급의 양적 증가를 주도해옴에 따라 보육료 전액 지원이라는 막대한 투입에도 불구하고 현재 보육기관은 민간 중심의 공급 체계가 자리잡아 공공성 확대 및 국공립 보육기관 설립에 한계가 다다른 상황이다.

영유아 보육료 및 교육비 지원 정책이 출산율을 높이는 데 긍정적 영향을 미친다는 조사 결과가 나왔다. 특히, 저소득층보다는 중산층에서 둘째아 출산율을 높이는 데 효과가 있다는 유의미한 결과가 나오기도 했다. 그러나 실질적으로 양육에 대한 부담만을 경감시켰을 뿐 결과적으로 출산율을 높이는 데 확실한 효과가 있다고 하기에는 출산에 대한 의사결정 과정은 매우 복잡하므로 결정적 요인이라고 할 수는 없다. 출산을 결정하는 데는 경제적 지원도 중요하지만, 환경적인 문제 개선이 함께 이뤄줘야 하기 때문이다.

보육 환경 개선의 최우선 과제는 국공립 시설의 확충으로 볼 수 있는데, 믿고 맡길 만한 보육기관이 부족하다는 문제가 제기되어 왔지만, 실제로는 큰 진전이 이뤄지지 않고 있다.

민간 중심의 보육기관 체제에서는 보육의 공공성을 확보하는 데 한계가 있다. 국가가 관리하고 감독하는 기능이 강화된 국공립 시설은 보육료와 운영비, 보육교사 인건비 지원에 있어서 관리가 수월하고, 보육 환경에 유의미한 영향력을 미칠 수 있다. 따라서 보육 서비스의 수준이 향상되는 등 매우 긍정적인 효과를 끼칠 수 있다.

무상보육 서비스를 통해 영유아 시기부터 양육에 대한 책임을 국가가 지고자 한다면, 모든 영유아가 평등하고 보편적으로 보육 서비스를 받을 수 있도록 환경을 제공해야 한다. 일부 민간시설의 공공형 전환으로 서비스 개선을 꾀하고는 있지만, 국공립 어린이집만큼 보육시설의 신뢰와 보육 환경 개선을 위한 빠른 길은 없다.

한편, 적극적인 출산 장려 정책과 양육 지원으로 높은 효과를 거둔 프랑스와 북유럽 국가는 국공립 시설 확충이 출산율을 높이는 데 긍정적인 역할을 했다고 평가를 받는다. 일반적으로 아동 발달 측면에서 0~2세 영아의 시설 보육에 대해서는 부정적인 시각이 많다. 특히, 출산은 일과 가정의 양립을 어렵게 하는 문제 중의 문제다. 그러나 현대의 많은 맞벌이 가정에서는 영아기 자녀를 안전하고 믿음이 가는 시설에 맡길 수밖에 없다.

특히, 2012년 만 0~2세 무상보육이 실시될 때는 상당수의 전업모가 높은 보육료 지원으로 인해 어린이집에 보내지 않는 게 손해라는 생각으로 시설을 이용하는 바람에 시설 부족 현상이 초래되기도 하였다. 2013년부터 양육수당이 도입되면서 이와 같은 현상은 줄었지만, 여전히 영아기 보육에 대한 지원은 미흡하다.

양육수당은 시설 이용 비용에 비교할 때 형평성에 어긋나기 때문이다. 또한, 영아기 자녀를 맡겨야 하는 부모의 죄책감과 보육기관에 대한 낮은 신뢰도로 인해서 영아기 자녀의 무상보육은 환영받을 만한 정책은 아니었다.

사람이 태어나 죽을 때까지 필요한 것은 돌봄이며, 이제 돌봄은 공공성을 갖고 국가가 책임져야 한다. 또한, 돌봄을 통해 양질의 일자리가 늘어나 일자리가 확대되는 선순환을 위한 정책적 방안이 필요하다.

첫째, 한 아이가 태어나면 가족, 지역사회, 국가가 책임지고 함께 키워야 한다. 현대의 핵가족 사회에서 24시간 영유아를 돌보기란 쉽지 않다. 한 아이를 온 마을이 함께 키운다는 마음으로 더불어 양육하며 키우는 보육 생태계를 조성해야 한다.

둘째, 보편적 복지를 위해 이제 개인이 아닌 국가 차원의 돌봄 체계가 필요하다. 특히, 아이들이 어려서부터 차별적인 지원을 받지 않도록 돌봄국가책임제 안에서 보편적이고 진정성 있는 보육정책을 마련해야 한다.

셋째, 돌봄을 통해 양적 및 질적 일자리를 확충하여 선진국형 서비스를 제공할 수 있어야 한다. 특히, 저임금, 비정규직 구조에 놓인 돌봄 노동자에 대한 고용 안정, 차별 금지, 처우 개선이 필요하다. 서비스를 이용하는 사람과 제공하는 사람 안팎으로 모두 내실화가 이루어져야 양극화가 발생하지 않는다.

넷째, 국가 책임제를 설계하는 데 있어 국가가 보장해 줄 수 있는 범위와 재원, 지방정부의 권한과 책임 범위를 명확히 정하고, 꾸준하고 지속적으로 지원할 수 있어야 한다.

이제는 출산과 육아가 삶에 큰 변화를 몰고 오고야 말 것이라는 두려움의 대상이 되지 않아야 한다. 아이를 낳아도 예전처럼 생활할 수 있다는 믿음, 맹목적인 여성의 모성애를 요구하며 어머니에게 양육의 책임을 몰지 않는 인식, 아이들을 낳아 기르면서도 일과 가정을 조화롭게 병행하며 직업을 통해 자아실현을 하면서 행복한 가정을 이루며 살 수 있는 K-출산 한국이 되길 바란다.

05

교육정책의 보완과 인성 교육 강화

한국 교육의 잠을 깨운 코로나19

코로나19는 우리 삶 전반의 모습을 완전히 바꾸었다. 사회적 거리 두기가 시행되면서 각 학교는 비대면 온라인 수업으로 전환되었다. 그러나 코로나19는 모두에게 똑같은 배움의 기회를 제공할 수 없게 만들었다. 공적 교육이 붕괴되면서 교육 격차가 급격하게 벌어지기 시작했다. 학교는 멈췄지만, 학원은 멈추지 않았기 때문이다.

한국전쟁 이후 우리나라의 교육은 높은 학구열로 눈부신 성과를 거두었다. 공교육은 학교 간 격차 없이 시행되었으며, 질적으로도 상당히 높은 수준으로 균질화된 나라 중 하나다. 그러나 내부에는 입시 위주의 교육과 높은 사교육비로 심한 몸살을 앓고 있었다. 입시 문제의 비리, 저출산으로 인한 학령인구 감소 등으로 유초중등부터 고등 교육까지 구조 조정이 불가피했다. 특히, 4차 산업혁명을 맞아 사회 경제적인 변화에 대응하려면 교육개혁이 시급한 상황이었다. 여기에 코로나19라는 전대미문의 위기는 공교육의 빠른 변화를 촉구하면서 한국 교육의 민낯과 오해를 확연하게 드러내고 말았다.

2011년부터 스마트 교육이 추진되면서 디지털 교과서 도입, 스마트 교실 운영 등 교실 수업에 과학적 혁신을 가져왔다고 하지만, 이번 코로나 사태에 빠르게 대응하지 못했다.

많은 교사가 디지털 기술을 활용하지 않아도 충분하다고 생각했으며, 분필 수업을 선호했기 때문에 억지로 모든 교사의 수업 방식과 기술을 바꾸는 데 한계가 있었다. 빠르게 온라인 수업으로 전환한다고 했지만, 수업 결손과 학습 누적으로 인해 학생들은 코로나 발생연도의 학년을 잃어버리고야 말았다.

전국교직원노동조합이 2020년에 실시한 설문 조사에 따르면, 비대면 원격수업의 가장 큰 문제점은 학습격차 심화61.8%였다. 그리고 학습격차의 원인은 '가정 환경 차이72.3%'가 1순위였다.

교육부 주관으로 한국교육학술정보원KERIS이 전국 초·중·고 교사들을 대상으로 실시한 설문 조사에서도 응답자의 80%가 코로나19로 원격수업이 진행된 이후 학생들 간의 학습격차가 커졌다고 했다.

"재난은 가장 약한 곳부터 망가뜨린다"라는 전제가 교육 부문에서도 여실히 증명됐다. 취약계층 학생일수록 더 깊고 길게 겪었다. 가난할수록 온라인 수업에 더 못 따라가고, 학업 성취도가 낮았으며, 마음의 상처도 깊었다. 온라인 수업으로 전환되면 PC나 스마트폰, 태블릿이 있어야 수업 참여가 가능한데, 기기가 없는 학생은 학습권이라는 첫 시작에서부터 가로막힌다. 교육부가 예산을 배정해 각 학교에서 수요 조사를 통해 기기를 나눠주긴 했지만, 문제는 기기가 없어서가 아니라 온종일 온라인게임과 미디어에 노출이 되어서 걱정이었다.

기기의 소유 여부보다 중요한 수업 환경의 격차는 더 심했다. 코로나 이전에는 모두 같은 교실, 같은 환경에서 같은 수업을 받을 수 있었다. 그러나 온라인 수업은 각자의 가정 환경이 수업 배경이 되었다.

소유한 기기가 낡거나 인터넷이 느리거나, 집중하기 어려운 장소이거나 에어컨이 없고 형제자매와 부대껴야 하는 좁은 집이냐에 따라서 수업 진도를 따라가야 하는 학생의 출발선이 각자의 환경에 따라 달라졌다. 특히, 저학년은 학부모의 도움 없이는 스마트기기 조작부터 수업에 집중하기까지가 현실적으로 불가능하다.

아날로그 시대의 교육에서 벗어나 디지털 시대의 교육으로 전환한다면서 막상 인터넷 강국인 대한민국의 학교는 현재까지도 와이파이가 터지지 않는 곳이 많았다.

이런 상황에서도 온라인 개학은 이루어졌다. 온라인상에서 수업을 진행해야 하는 교사들은 학생들뿐 아니라 학부모에게도 쉽게 공개되는 온라인 교실에서 수업 실력이 공개되었다. 동영상으로 실시간으로 송출되는 수업 방식에 부담을 느끼는 교사들은 수업의 상당 부분을 교육플랫폼을 활용한 공용 수업 동영상을 송출하기도 하였고, 의사소통의 문제로 학생 간 토의나 모둠별 활동은 진행에 어려움을 겪기도 하였다.

교사의 개별 역량과 기기 활용도, 동영상 제작 여부에 따라 같은 학년에서도 수업의 질이 달랐다.

학생들은 도움을 받지 못하고 혼자 해결하거나 그냥 넘어가는 경우가 많았고, 코로나 이전보다 미디어 영상에 노출되는 시간이 지나치게 많아지면서 학습 효율성이 떨어졌다.

정부와 교육청이 어떻게, 얼마나 해주느냐의 문제가 아니라 담당교사가 얼마나 열정이 있으며, 수업 자원을 얼마나 유능하게 사용할 수 있는지에 따라 수업의 질이 달라졌다.

또한, 온라인 수업 내용의 상당 부분이 평소 집에서도 쉽게 볼 수 있는 EBS 교육방송이라는 점에서 다양성이나 질적 측면에서 부정적인 면이 많았다. 온라인 수업 방식에 대한 교사와 학부모 간 선호에 따른 갈등 문제도 심화되었다.

실시간 쌍방향 온라인 수업을 강조하고 선호하는 학부모와 달리 현실적으로 수업시간에 맞춰 시스템에 접속하는 일부터 스무 명의 학생들이 오디오와 비디오를 모두 켠 상태에서 쌍방향 수업을 하는 것은 실질적인 어려움이 따르고 교사에게도 부담으로 작용하였다.

아직도 코로나는 끝날 기미가 보이지 않고 있으며, 가까운 미래에 또 어떤 재난이 발생할지는 아무도 모른다. 평상시의 교육 시스템을 어떤 돌발 상황에서도 대응 가능할 수 있도록 바꿔야 한다. 모든 교사가 동영상을 개발할 필요는 없다. 다만, 교사는 개별 학생에 맞춘 학습 지원자가 되어야 한다.

이번 온라인 수업을 기회로 학습에 필요한 기반을 확실히 구축하고, 교사들도 다양한 기법을 익혀 적극적으로 교수활동을 펼칠 수 있도록 교육부의 지원이 필요하다.

학생들은 학습 외 부분인 친구 관계, 식습관, 운동 및 취미 면에서도 격차가 있었다. 고학년은 나름대로 관계를 맺어온 경험이 축적되었고, 한 명이라도 친구가 있으면 되는 관계의 질이 중요하지만, 저학년일수록 양적으로 부대끼며 친구 관계를 맺고, 사회성 발달 과업을 이뤄야 하는데, 그 기회를 박탈당하고 말았다. 학교에서 동일한 급식을 먹지 않게 되면서 식습관의 격차도 벌어졌는데, 등교하지 않는 평일이 많아지고 바깥 활동이 줄면서 인스턴트 식품 섭취와 활동량 감소로 인한 비만 학생이 늘었다.

평일에 집에 있는 시간이 많아지면서 정서적 격차까지 벌어졌다.

재택근무가 가능한 부모는 자녀와 함께 보내는 시간이 더 많아지면서 오히려 호전된 경우도 있었지만, 긴급돌봄에 보내야 하거나 자녀가 주말처럼 평일에도 집에 혼자 있는 시간이 많아지면서 불안해하거나 미디어에 쉽게 노출되면서 부정적인 정서가 높아진 것이다.

언제 끝날지 모르는 코로나 팬데믹 상황에서 앞으로의 교육은 이전과 같아서는 안 된다. 교육의 불평등함을 공적으로 어떻게 해결해 나갈 것인지에 대한 새로운 교육정책에 대한 고민이 필요한 이유다.

결국, 문제는 입시

결국은 입시다. 한국의 모든 교육정책은 그 어떤 것을 논의해도 '기승전-입시'로 끝난다. 코로나로 다시 등교가 재개되면서 고3부터 순차적으로 등교를 진행한 것은 시기를 놓치면 입시가 대혼란에 빠지게 될 것을 우려했기 때문이다. 날짜를 연기하더라도 반드시 치러야만 하는 우리나라의 수능과 달리, 서구권 나라들은 전면 취소하거나 다른 방법으로 입시를 취할 수 있도록 조치를 취했다.

교육이 입시에 멱살 잡혀 끌려가지 않는 유연한 대처라고 볼 수 있다. 물론, 서구권 나라들은 우리나라와 달리 대학 진학에 대한 열망이 크지 않으며, 학력이나 학벌에 대한 서열화가 강하지 않다. 우리나라와는 역사·문화적으로 환경이 다르다.

우리 사회는 역사적으로 학력과 학벌이 사회적 지위를 결정하고, 경제적인 능력까지 좌지우지한다. 입시에 대응하는 수험생과 학부모는 필사의 투쟁 정신으로 수험생 시기를 보낸다.

입시는 제로섬 게임이다. 정당한 노력으로 얻을 수 있다기보다는 얼마나 사교육에 투자했느냐, 어떤 유익한 정보를 먼저 손에 넣었느냐에 달렸으며, 서로를 경쟁하고 견제해야 하는 치열한 싸움이다. 여기에 교육의 목표나 본질은 찾을 수 없다. 1년에 단 한 번 주어지는 시험은 오직 평가 결과만을 남긴다.

기본적으로 평가라는 것은 공정해야 한다. 모두 같은 시험 범위를 같은 시간을 내서 준비하고 같은 시간에 같은 시험을 봐야 한다. 그러나 예기치 못했던 코로나는 수능을 준비하는 고3 학생들로 하여금 등교 수업이 제한된 상태에서 준비하게 하였다. 이로 인한 학교 교육 기회가 박탈되었고, 사교육으로 몰리면서 격차가 더 벌어지고 말았다.

코로나가 끝난 뒤에도 이런 일이 또 벌어질 수 있으며 앞으로도 예상하지 못한 다양한 변수가 발생할 수 있다. 단지, 이번 사태로 평가의 공정성, 기회의 평등, 결과의 신뢰성과 같은 굳건했던 본질이 감염병으로 인해 쉽게 깨질 수 있다는 점이 드러났다.

그럼에도 여기에 집착하는 입시 문화를 바꿀 수 있을까?

1년에 단 한 번 주어지는 평가 기회에 대한 부담감은 코로나 상황에서 불안감을 더욱 크게 키워놓았다. 그러나 이런 상황을 예외적인 상황으로만 치부하지 말고, 언제 어떤 모습을 하고 다시 올 수 있다는 전제에서 평가에 대한 관점을 바꿀 필요가 있다. 평가 시기, 횟수, 방법 등 다양한 방면에서 대안을 모색해야 할 필요가 있다.

미국 조지아주는 코로나19로 사회적 거리두기로 인해 미성년자의 도로주행 시험이 어려워지자, 부모가 운전면허 요건을 확인하는 것만으로도 시험 없이 면허를 발급해 주었다. 운전면허증이 있다고 사고를 덜 내는 것도 아니고, 생각보다 선별 효과가 없었다고 판단했기 때문이다. 프랑스도 코로나로 인해 200년 전통의 바칼로레아를 취소하고 다른 평가로 대체하기로 하였다.

전국의 모든 학교가 휴교 중인 상황에서 전과 같은 조건에서 대학입시를 치를 수 없다는 판단에서였다.

스웨덴과 아일랜드도 시험을 취소했고, 스페인과 오스트리아는 연기해서 실시하는 등 유연하게 입시에 대처했다.

어쩌면 우리가 그동안 집착했던 이 입시 제도가 학생들을 선별하고 평가하는 효과적인 도구가 아니었을지도 모른다. 수년 동안 누적하며 투자해왔던 학습 과정과 수많은 이해관계, 3월에 입학해야 하는 대학 입학 시기 등이 복잡하게 엉킨 제도일지도 모른다.

이번 기회에 조금은 내려놓고 위기에 닥쳤을 때 유연하게 대처할 수 있도록 각 대학에 우선 선발권을 부여한다든지, 평가 방법에 변화를 준다든지, 9월 학기제로 변경한다든지 하는 다각적인 차원에서 모색해봐도 좋을 것 같다.

핀란드는 어떻게 교육 개혁에 성공했을까?

오늘날, 여실 없이 드러난 한 가지 사실은, 학교가 학생에게 필요한 지식과 기술을 충분히 습득시키지 못하고 있다는 점이다. 효과적인 교수와 자기주도적인 학습으로 배움의 질을 높이고, 공평하고 포용적으로 모든 학생을 교육해달라는 요구가 학부모와 학생으로부터 터져나오고 있다.

그러나 현재 교육제도는 시대의 흐름과 맞물린 몇 가지 문제에 직면하고 있다.

첫째, 지식 기반 경제를 맞아 미래 경쟁력을 확보하기 위한 혁신 능력과 생산 기술을 어떻게 가르칠 것인가?

둘째, 코로나를 맞아 교육 기회를 상실한 학생들에게 평등한 학습 기회를 어떻게 제공해줄 것인가?

마지막으로, 부모의 소득이나 능력과 무관하게 교육 격차 없는 공정한 교육의 장을 제공할 수 있는가?

이 모든 난제를 해결해야 하는 이유는 교육을 통해 지식과 기술이 심어져 궁극적으로 한 사회의 건강한 구성원으로서 자리잡을 수 있기 때문이다. 청년의 역량이 장기적으로 한 나라의 부를 좌우한다. 그런데, 미래의 주역이 되어야 할 청년 4명 가운데 1명 가까이가 사실상 실업 상태로 청년 실업률이 심각하다. 이들 대다수가 주입식, 경쟁적 교육체제 하에서 자신의 적성을 찾지 못하고, 자신의 발전을 위해 노력할 만큼 학교에서 적절한 교육을 받지 못했다.

이러한 문제점들은 비단 우리나라만의 문제가 아니라서 이미 몇 해 전부터 해외 선진국들은 이 위기를 극복하고 변혁으로 나아가기 위해 노력하고 있다. 우리나라 역시 미래 경쟁력 확보를 위해 교육 혁신을 꾀하고 있지만, 아직 충분한 합의와 여건이 조성되지 않았다.

온 세계가 칭송하는 평등하고 우수한 교육제도로 성공적으로 바꾼 나라, 핀란드는 수많은 나라의 부러움과 연구 대상이다. 지금이야 세계에서 가장 잘 사는 나라로 통하는 핀란드지만, 1970년대만 해도 평범한 변방의 작은 나라에 불과했다.

국민 대다수가 고등교육을 받지 못하자, 핀란드 정부는 모든 국민이 평등한 교육을 받을 수 있도록 교육 개혁을 실시했다. 저항과 반발도 있었지만, 지속적이고 느린 속도로 점차 모두 협력하면서 교육 개혁에 참여했다.

그 변화는 오늘날 국제 학업성취도에서 핀란드를 1위로 만들었고, 오늘날 유럽에서 가장 잘 사는 나라의 대열에 올리는 쾌거를 이룩했다. 그리고 핀란드 국민은 시대를 선도한 교육정책에 80% 이상의 전적인 신뢰도를 보이며 만족해한다.

"교육 시스템은 철저한 준비를 통해 점진적이고 지속적으로 추진하고, 결정된 정책의 성공을 위해 일관성 있는 추진과 지원을 아끼지 않는다."

핀란드 교육 개혁의 핵심이다. 핀란드는 모든 국민에게 동등하고 평등한 교육의 기회를 제공하고 대학까지 무상 공교육을 실시한다. 모든 아이를 위해 국가가 예산을 부담한다. 핀란드는 지역이나 학교별로 성적 격차가 거의 없다.

또한, 시장 중심의 경쟁적 교육정책에서 벗어나 신뢰, 책임감, 전문성에 기반을 둔 교육정책을 택했다. 따라서 학교 시찰이나 학교 평가, 학생 성적으로 인한 교사의 인사 고과가 없다.

핀란드 교육의 주역은 행정부에서 독립된 '국가교육위원회' 다. 정치적 결정에서 배제된 독립된 교육 전문가가 중심이 된 위원회로, 교사는 개혁 대상자가 아니라 동반자이자 전문가로 학생과 함께 개혁 과정의 주체가 된다. 정치적 상황에 영향을 받지 않는다는 점은 교육 목표가 여러 정권의 입김에도 불구하고 전혀 손상되지 않은 채 온전히 뿌리를 내렸다는 것을 뜻한다.

경쟁이 없고 평등한 교육을 하되, 학습을 잘 따라가지 못하는 학생들을 위한 차별 정책을 꾸준히 추진했다. 차별 교육과 평등 교육, 비경쟁 교육으로 실천적 지식을 강조하고, 교육 자율성을 보장하며, 교육의 통합성으로 '모든 사람을 위한 교육' 이 교육정책의 핵심이다. 경쟁과 선택 대신에 협력과 평등에 집중하면 모든 아이가 잘 배울 수 있다는 사실을 교육제도를 통해 증명했다.

따라서 핀란드 학교에는 학력평가, 과외 공부와 같은 사교육, 시험 준비가 없다.

결국, 핀란드 교육정책의 성공 요인은 경쟁, 성적순, 사교육 천국, 민영화 정책이 주를 이루는 우리나라의 교육정책과 정반대라고 보면 된다.

게다가 우리나라는 정치적 상황에 따라 교육정책이 너무 쉽게 뒤흔들린다. 입시 제도는 광복 이후 큰 틀만 무려 20여 차례 바뀌고, 교육 기조도 사회적 합의도 없이 정권에 따라 쉽게 변경됐다. 교육의 주체가 공급자 위주인 탓이다.

핀란드는 교육 개혁을 추진하는 동안 스웨덴을 비롯한 여러 나라로부터 많은 영감을 받았다. 스웨덴에서는 복지국가 모델과 보건의료체계, 교육이념을, 영국과 미국, 캐나다 등에서는 자율성과 다양성을 기반으로 한 교육과정 모형을 참고하여 창의성을 살려 자국만의 비전으로 오늘날과 같은 훌륭한 핀란드식 교육정책을 이룩했다.

무엇보다 학교가 존중받고 교사가 존경받는다. 체계적인 근무 환경 개선으로 세계 최고 수준의 사범교육 프로그램을 통해 젊고 우수한 인재들을 교직에 유치하였다. 핀란드에서는 우리나라의 '사' 자 직업만큼이나 최고의 직업으로 교사를 선호한다. 교사들은 높은 급여를 받으며 자신만의 전문지식과 협력적인 근무 환경, 강한 사명감과 자율적인 판단력으로 교육과정, 학생 평가, 학교 및 지역사회 연계 활동에 주체가 되어 주도권을 행사한다.

최고를 향한 경쟁에서 협력을 위한 경쟁으로

4차 산업혁명 담론의 진원지인 다보스 포럼Davos Forum은 21세기를 살아갈 학생들에게 필요한 스킬 16가지를 제시했는데, 이것을 4차 산업혁명 시대의 인재상이라고 해석해도 무방하겠다.

미래 인재에게 필요한 스킬을 크게 기초 소양, 역량, 그리고 인성 자질의 3가지 영역으로 구분하고 세부적인 16가지의 스킬을 제시했다.

첫째, 학생들이 핵심 기술을 일상 업무에 적용하기 위한 기본적인 소양이다. 여기에는 글을 읽고 쓸 줄 아는 문해력, 사칙연산을 할 수 있는 산술 능력, 과학 소양, 컴퓨터에 대한 지식을 의미하는 ICT 소양, 금융 소양, 문화적인 시민 소양 등 6가지를 꼽았다.

둘째, 학생들이 복잡한 사고에 어떻게 접근하는지에 관한 역량이다. 비판적 사고력 및 문제해결 능력, 창의력, 소통 능력, 협업 능력 등 4가지를 들었다.

셋째, 학생들이 변화하는 환경에 어떻게 접근해야 하는지를 보여주는 인성 자질이다. 호기심, 진취성, 지구력, 적응력, 리더십, 사회문화적 의식 등 6가지를 제시하였다.

위의 16가지 스킬을 완벽하게 갖춘다면 4차 산업혁명 시대가 요구하는 인재라고 할 수 있다. 10년 전의 시대와 지금은 확연히 다르다. 그리고 미래 사회는 더 복잡하고 다양한 사회가 될 것이 분명하다. 다각적인 관점으로 복합적 및 입체적 사고를 하면서 복잡한 문제를 해결할 수 있는 창의적인 기술이 필요하다.

오늘의 어린이는 미래 사회에서 지금은 존재하지 않는 새로운 일자리에서 일하게 될 것이다. 초고속으로 점점 더 밀접하게 연결되는 초연결 세계에서는 세계 각지의 사람들과 협력하고, 문화적 차이를 이해해야 할 것이다. 포용적이며 공정한 미래 사회를 만들어갈 수 있도록 인성 자질, 특히 공감, 협력, 시민의식을 육성하는 일은 매우 중요하다. 지금처럼 시대에 뒤떨어지는 암기와 수동적인 학습은 다양성과 창의성을 제한하는 요인일 뿐이다.

그렇다면, 인성 자질은 어떻게 육성할 수 있을까?

인성은 사람의 성품으로 자신의 내면에 내재된 것이지만, 타인을 대하는 행동에 의해 밖으로 드러난다. 여기서 정의한 인성 교육은 내면을 바르고 건전하게 가꾸며 타인, 공동체, 자연과 더불어 사는 데 필요한 성품과 역량을 기르는 교육이다. 핵심 가치는 예, 효, 정직, 책임, 존중, 배려, 소통, 협동의 여덟 가지다. 쉽게 말해 남과 더불어 잘 살 수 있는 역량을 말한다.

우리나라는 세계 최초로 2015년에 인성교육진흥법을 의무로 규정하여 국가와 지자체, 학교에 인성 교육 의무를 부여하였다. 인성을 법으로 시행할 정도로 절박했다고 보면 된다. 인성을 법으로까지 시행해야 할 정도로 절실한 이유는 앞으로 미래 사회에서 다가올 불평등 사회를 대비하기 위함이다.

양극화가 점차 심각해지는 가운데, 점차 극소수의 부를 가진 사람과 소외된 사람으로 구별될 수 있다. 또한, 핵가족화와 경쟁 사회에서 인성을 배우지 않으면 가족, 사회, 국가라는 공동체에 대한 책임감과 배려 없이 함께 더불어 사는 세상을 만들 수 없기 때문이다.

06

안전한 사회의 역동적 복지제도

범죄를 완전히 없애지 못하는 이유

많은 사람이 함께 모여 살다보면 다양한 사회 문제가 발생한다. 계층 간 갈등, 세대 차이, 성별 갈등, 지역 차별 등 대부분의 사회 문제는 사람들 사이의 상호작용과 이해 부족에서 기인한다. 범죄는 사람에게 물리적, 신체적, 정신적 피해를 줌으로써 삶의 질에 심각한 영향을 미친다. 범죄를 아무리 예방한다고 해도 범죄는 영원히 사라지지 않는다.

범죄를 예방하고 해결하는 방법은 다양하다. 우선, 경찰력을 동원한 치안 시스템을 활용할 수 있다. CCTV같은 장치를 이용해 범죄를 미연에 방지하거나 발생을 추적할 수도 있다. 범죄자의 처벌을 강화하는 정책을 펼칠 수도 있다. 범죄 발생률이 높은 가로등 없는 골목길, 어둡고 인적이 끊긴 CCTV가 없는 길, 복잡하고 폐쇄적인 좁은 골목길, 공사 중이거나 폐허가 된 상가건물, 인적이 드물고 민가가 없는 시골길 등이 그러하다.

범죄 발생을 초래할 수 있는 물리적 환경 요인을 미리 제거하고 수리함으로써 범죄 발생률을 줄이고, 범죄에 대한 불안감도 감소시킬 수 있다. 그러면 지역의 안정성이 강화되어 거주 환경의 질이 개선되면서 범죄 불안감까지 없앨 수 있다.

그러나 이런 방법을 취한다고 해도 범죄를 없앤다는 것은 사실 환상에 불과하다. 우리는 범죄 구조에 직간접적으로 가담하지 않았다고 하더라도 최소한 방관하는 방식으로라도 가담하고 있기 때문이다. 사람과 사람 사이에서 일어나는 폭력은 일시적으로는 예방할 수도 있고, 막을 수도 있다. 그러나 궁극적으로 완전히 없앨 수는 없다.

무감각, 무관심 사회는 비인간적인 방식으로 소외하는 결과를 낳는다. 우리는 이제 어지간한 재난, 폭력 사건에는 놀라지 않는 무감각해진 사회에서 살고 있다. 이러한 사회의 결과는 뻔하다. 병들고 죽어가는 사회가 되는 것이다.

우리 사회가 현재 당면한 문제인 불평등, 양극화, 소외, 혐오, 기피, 무감각이 많아질수록 사람들은 마땅한 관심을 얻지 못해 투명인간 취급을 받는다. 그로 인해 자살률이 높아지고 '묻지마' 폭행이나 살인과 같은 사회적 문제가 퍼져나가는 것이다.

잊을 만하면 되풀이되는 대형 참사소식은 이제 때마다 들려오는 소식인 양 우리 일상에 자리잡은 것 같다. 사방에서 들려오는 소식의 메시지는 하나다.

"당신은 안전하지 않다. 당신은 위험에 처했다. 당신의 안전은 국가도, 학교도, 가정에서도 책임져주지 않는다!"

특히, 코로나19로 인해 자가격리로 집에서 머무는 시간이 많아지면서 가정폭력의 발생률이 더 늘어나기까지 했다. 미국의 여성인권단체에 따르면, 코로나 확진자가 폭증했던 시기에는 가정폭력 신고 건수가 평소의 두 배로 증가했다고 밝혔다. 프랑스는 가정폭력이 32% 증가했고, 영국도 20% 증가했다.

우리나라는 해마다 평균 24만 건 이상의 가정폭력 신고 접수가 들어오지만, 검거는 4만 건, 그중 구속된 가해자는 500명 정도로 1%도 되지 않는다. 접수하지 못하고 쉬쉬하며 덮는 사건들도 수없이 많다. 특히, 자가격리로 가해자와 온종일 함께 있어서 신고 기회를 확보하지 못하거나, 신고 후 보복이 두려워 신고를 포기하는 경우도 허다하다.

영국은 가정폭력 피해자가 코로나 상황에서도 자유롭게 신고할 수 있도록 조치했다. 피해자가 집을 떠날 때, 코로나19로 인한 이동제한을 위반했다고 처벌하는 일이 없도록 환경을 구성했다.

스페인은 누구나 쉽게 드나들 수 있는 약국에서 가해자와 함께 동행 시 피해사실을 몰래 신고할 수 있도록 일종의 암호를 만들어서 신고하여 보호받을 수 있도록 조치했다.

그러나 우리나라는 코로나로 인해 가정에서 일어날 수 있는 위험에서 대비할 수 있는 사회적 메시지가 부족하다. 코로나 확산을 방지하기 위해 이동을 제한해야 한다는 조치만 있을 뿐, 가정폭력에서 도움을 받을 수 있는 현실적인 지원이 없다.

폭력은 우리 사회에서 일어날 수 있는 어떤 문제로 볼 것이 아니라 사회 속을 다시 들여다봐야 하는 관찰 대상이어야 한다. '멀리서 보면 희극, 가까이에서 보면 비극' 이라는 말처럼 사랑의 매와 아동폭력은 훈육이 아니며, 부부싸움은 칼로 물 베기 사랑싸움이 아니다. 스토킹은 짝사랑의 열렬한 구애가 아니며, 가스라이팅은 연인 간의 조언이 아니다. 다른 사람을 괴롭힐 목적으로 폭력을 취하거나, 직접적인 이익을 얻을 수 없고, 본인에게 더 불리하게 작용할 수 있는데도 폭력이 발생할 수 있다. 사람과 사이 사이에 상하 지위를 규정하고 이에 승복하도록 하는 인간의 악한 속성 탓이다.

법은 폭력에 대한 대비책과 해결책을 규정하고, 교육은 인간의 폭력 성향을 억누르거나 교화시키려고 한다. 그럼에도 공공장소에서의 폭행사건, 묻지마 살인사건 등 자신의 폭력성을 기어이 드러내어 폭발시키는 사람들이 있다.

폭력성은 타고나는 것일까?

인간의 유전자에는 폭력적인 행동을 유발시키는 유전자가 하나 있다고 한다. 수많은 범죄행위 중 대부분은 불행하고 불가피한 상황에서 우발적으로 일어나기도 하지만, 40%는 폭력유전자를 가진 타고난 범죄자로 태어났다는 연구 결과가 발표됐다. '폭력유전자' 라고 불리는 MAOA 유전자에 결함이 있다는 것이다.

MAOA가 많을수록 행복 호르몬인 세로토닌과 도파민을 더 많이 분비해 행복감을 느끼게 한다. 반대로 이 유전자가 적으면 공격적이고 폭력적인 사람이 된다. 범죄와 폭력 문제는 사회 문제이기도 하지만, 생물학적인 시각에서도 접근해봐야 한다는 의견에 고개를 끄덕이게 한다.

그러나 유전자에 결함이 있는 모든 사람이 범죄 성향이 있는 것은 아니다. 성장 환경에서 사랑과 보살핌을 제대로 받고 자랐다면 일반인과 별 차이 없이 살아간다. 어릴 적 학대를 당하면서 자랐다면 반사회적 행동이나 폭력성, 범죄를 저지를 확률이 훨씬 높다. 타고난 범죄 유전자는 모진 성장 환경에서 더 발현된다.

한국은 아주 특별한 위험사회

박근혜 정부는 출범 초기에 '성폭력, 학교폭력, 가정폭력, 불량식품' 을 뿌리 뽑아야 할 4대 사회악으로 호명했다. 정부 수준에서 사회

악을 규정하는 것은 우리나라에서만 발생한 일이 아니다. 앞서 영국의 복지제도를 살펴봤을 때처럼, 영국의 사회보장 시스템에서도 '물질적 결핍, 질병, 무지, 불결, 게으름'을 영국 사회의 5대 사회악으로 규정하고 이를 제거하고자 하였다.

각종 재난이나 위험, 테러로부터 국민을 지키고 보호하는 것은 국가의 역할이다. 안전한 국가, 안전한 사회를 만들기 위해서는 먼저 국민이 안심할 수 있는 토대가 있어야 한다. 안전을 최우선으로 삼고 이를 실현하기 위해 각종 불안 요소를 줄여나가 국민으로부터 안전에 대한 신뢰를 쌓아야 한다. 국가는 '안전'을 말하지만, 국민은 불안과 걱정으로 '안심' 하지 못하는 이유는 신뢰가 없기 때문이다.

《위험사회》의 저자이자 독일 사회학자인 울리히 벡 교수는 "한국은 '아주 특별한' 위험사회"라고 말했다. 우리나라는 유럽이 150여 년간 이룩한 근대화를 불과 20~30년 만에 초고도 압축 성장으로 이루어냄으로써 그 과정에서 일어날 수 있는 수많은 위험요소를 해결할 시간이나 여유를 갖지 못했다.

자본과 자원이 부족한 환경에서 근대화를 향해 달려간 한국인은 과정보다 성과를 중시하는 성장지상주의에 매몰되어 모든 것이 너무나 빠르고 역동적이다. 세계사에서 유래를 찾을 수 없는 고도 성장은 자만심을 낳아 자기성찰의 기회를 놓치게 만들어 결국 우리 사회를 특별한 위험사회로 내몰고 만 것이다.

자살률과 이혼율 상승, 독거노인의 자살률 증가, 가정폭력 및 가정 파괴, 가계 부채와 경기 불황으로 인한 개인파산과 기업 도산 증가, 공교육 부실 심화와 치솟는 사교육비, 학교폭력과 촉법소년, 대책 없는 부동산 문제와 전셋값 폭등, 극심한 경쟁주의 속에서 소외되는 사람들의 불만 고조, 심각한 청년 실업률, 비상식적인 윤리의식, 묻지마 폭행, 사이버 범죄, 정치권의 극심한 이권 다툼, 5년 주기의 집권체제 변화에 다른 사회 불확실성 심화, 대기업의 횡행 속에서 날로 어려워지는 중소기업 간 격차 심화, 높은 무역의존도로 리스크 증가, 환경 파괴, 방사능 노출에 대한 불안, 비트코인과 주식 투자의 실패, 저출산과 초고령화 사회, 언제 터질지 모르는 북핵 등등 정치·사회, 경제·안보·교육·문화 각 분야에서 우리나라의 위험요소는 써도 써도 끝이 없을 정도다.

서울대 사회학과의 임현진·이재열 교수도 한국은 생태적·사회 경제적 위험이 동시에 발생하는 '현대적 위험사회'의 전형이자, 독특한 지정학적 위치 때문에 발생하는 '국가안보의 위험'까지 안고 있는 '복합 위험국가'라고 규정하였으며 한국 사회의 위험요소를 모두 7가지로 분류했다.

첫째, 지구적 생태 위험이다. 선진 과학기술에 내재한 대재앙 가능성을 염두에 둔 것으로 지구 온난화, 삼림 파괴, 오존층 파괴, 유전자조작 식품 등이다.

둘째, 자연적 재해 위험이다. 일상적인 자연 현상으로 발생하는 재해로, 태풍·가뭄·폭우·지진 등이다.

셋째, 국가안보 위험이다. 남북 분단으로 인한 준전시 상황에서의 군사적 충돌과 대치로 야기되는 위험으로 전쟁·테러 등을 말한다.

넷째, 정치적 억압 위험이다. 정치집단이 정치권력을 자의적으로 행사함으로써 국민의 생명 및 재산상의 손실을 가져오는 위험이다. 독재를 통한 고문과 인권 침해와 같은 국가폭력이다.

다섯째, 경제적 생계 위험이다. 의식주의 기초적인 생계를 위협하는 위험으로 사회안전망 붕괴, 장기 경기 침체, 경제 위기 등이다.

여섯째, 기술적 재난위험이다. 미세한 기술적 결함이 대형사고로 확대될 위험을 말한다. 원전 사고, 대형건축물·교통수단 등에서 발생하는 대형사고, 개인정보 유출이다.

일곱째, 사회적 해체 위험이다. 구성원들 사이의 유기적 의존관계를 해체하거나 적대적 관계가 증폭될 위험으로 일상적 폭력, 강력범죄, 이혼 및 자살률 증가, 강력범죄·가정 및 학교폭력 등이 그것이다.

가장 두려운 것을 세대별로 이야기보자고 하면, 청년은 미래가 두렵다고 한다. 중년은 미래를 걱정할 여유도 없이 현재가 두렵다고 한다. 노년은 앞만 보고 달려오느라 미처 세심하게 챙기지 못했던 가족에 대한 회한과 여유 없는 노후로 도태될 것을 걱정한다.

과거를 성찰하고 반성하여 앞으로 나아가지 못하면 사회는 바뀌지 않는다. 이러한 위험을 해결하기 위해 새로운 국가재난관리기구를 창설하거나 대국민 안전 캠페인을 벌이는 일회성 처방으로는 위험에서 완전히 벗어나는 것은 불가능하다. 우리 사회의 복합적 위험은 이미 일상으로 들어와 구조화되었으며, 일반적인 관행이나 관습으로 이어지고 있다.

위험관리가 제대로 이어지지 않으면 사회는 불신감으로 팽배해지고 혼란에 휩싸인다. 국가는 위험요인을 완전히 제거하기 위해 관리한다고 하지만, 여전히 갈등과 범죄가 빈번히 일어나는 것을 보면 이것은 잘못된 방법인 것이 분명하다.

위험을 감수하고 감당할 수 있는 사회가 건강한 사회이며 안전한 사회다. 안전은 물리적·기술적 문제로 수용 가능한 혹은 잠재적인 위험으로부터 면해지는 것을 말한다. 안심은 마음으로부터 불안을 느끼지 않은 평온하고 행복감을 느끼는 상태를 말한다. 결국 각종 재난이나 범죄, 위험으로부터 국민을 지키고, 국민이 안심하고 살아갈 수 있는 사회를 구축해가는 것이 국가의 중대한 역할이다.

함께 사는 안전한 복지 사회로 나아가는 길

서울대학교 사회학과 이재열 교수에 따르면, 위험은 무조건 피해야 할 회피 대상만은 아니다. 슘페터가 지적한 것처럼, 사회가 발전하려면 혁신에 따르는 위험을 적극적으로 수용하려는 진취적 태도가 있어야 가능하다. 영국의 토니 블레어 전 총리는 정부의 핵심 역할을 '혁신과 변화'라는 한 축과 '충격과 위기관리'라는 또 다른 축 간의 균형에서 찾았다. 혁신을 통해 공공의 신뢰를 얻을 수 있는 좋은 기회를 제공한다는 뜻이다.

그러나 우리나라는 위험 관리 역량이 취약하다. 극빈 국가에서 선진국으로 급성장한 우리나라는 압축 성장의 과정에서 불안과 불신이 깊어졌다. 국민은 종교, 언론, 검찰, 정부를 믿지 못한다. 정책과 제도에 대한 불신이 심해서 갈등이 벌어지면 해소하기가 어렵다. 양쪽 극단에 서서 내가 맞다고 소리치며 상대방을 악으로 정의하고 공격하며 점점 혐오로 몰고 간다.

복잡한 현대사회에서 위기와 재난은 돌발적으로 증가하고 있는데,

국가의 복지 투자는 아직 초보 수준이다. 그 격차만큼 양극화가 심해지고 있고 불안감은 점차 높아지고 있다.

우리나라의 OECD 사회통합지수는 최하위권이다. 함께 사는 능력이 떨어지는 건 비단 우리나라뿐은 아닌지, 미국의 인권운동가였던 마틴 루터 킹은 이렇게 말했다.

"우리는 새처럼 하늘을 나는 법을 배우고 물고기처럼 바다를 헤엄치는 법은 익혔지만, 함께 살아가는 간단한 기술은 배우지 못했다."

독일의 노벨문학상 수상 작가인 하인리히 뵐도 "우리는 사는 법을 배우지 않는다. 학교에서도 사회에서도"라고 말했다.

세대 혐오와 사회 갈등이 극단으로 치닫고 있다. 공정한 사회를 꿈꾸지만 이루어지지 않는 허상 같으며 정치는 냉소와 비난의 대상이다. 차별과 소외, 혐오가 만연하다. 이를 해결하려면 국가 개조 차원의 역동적 복지제도가 필요하다. 핵심은 '공공성 제고'에 있다.

첫째, 제도의 공정성을 강화해야 한다.

채용 비리, 갑질, 사학 비리, 탈세, 전관 특혜, 입시 비리 같은 편법과 꼼수, 특권과 불공정에서 벗어나야 공정한 사회를 만들 수 있다. 전관 특혜로 받은 불투명하고 막대한 금전적 이익에 대해서는 철저한 조사로 공정 과세를 실현해야 한다. 부패에 대해서 엄정히 대응하면서 공정한 과세를 통한 복지비용 지출이 이루어져야 한다.

둘째, 제도의 공익성을 높여야 한다.

세월호 침몰 상황에서 구조 활동을 포기하고 민간기업에 구조를 맡긴 해경이나, 메르스 때 공공병원이 부족했는데 이를 해결하지 못하고 코로나19 때도 공공병원 부족으로 병상이 부족하여 쩔쩔맨 보건복지부를 보면 공익성이 얼마나 중요한지를 알 수 있다. 큰 위험일수록 민간에 맡길 수는 없다. 전쟁에 대비해 군대가 있듯, 대규모 재난상황에는 공공성을 띤 조직이 필요하다. 따라서 사회적 위험에 대비한 복지 지출을 늘리고 사회 서비스도 확대해야 한다.

셋째, 공개성 · 투명성 · 포용성을 지킨다.

성공적인 공론화 과정의 제도화를 위해 가장 중요한 것은 절차의 공정성과 투명성이다. 얼마나 객관적이고 편견 없이 제도를 설계하고 운영해가느냐가 관건이다. 투명성이 결여되면 정부에 대한 불신이 잉태되며 심각한 사회적 갈등을 낳는다. 우리 사회에 만연한 승자 독식 구조에서 벗어나 더 많고 더 고른 기회를 공정하게 나눠야한다.

넷째, 시민의 참여를 확대한다.

우리 사회의 의사결정은 톱다운 방식이다. 이제 아래로부터의 개혁이 필요하다. 시민의 참여는 인터넷의 발달로 훨씬 용이해졌다. 시민이 적극적으로 참여하여 사회 문제를 스스로 해결하고 판단하는 결정의 주체자가 되어야 한다. 직접 자신들의 문제를 토론할 수 있는 공론의 장이 활성화되어야 하고, 시민의 요구에 부응하는 정치인이 성장할 수 있는 정치적 토대가 세워져야 한다.

다섯째, 안전을 위한 규칙을 반드시 지킨다.

'빨리빨리'라는 한국 문화는 득과 실이 있다. 엘리베이터에서 문이 닫히는 걸 기다리지 못하고 닫힘 버튼을 누르거나 운전 중에 녹색 등이 켜지기도 전에 출발하는 행위 등 일상에서 쉽게 볼 수 있는 습성이라고 할 수 있다.

사회 전반에 깔린 '빨리빨리' 문화로 안전이 천대받고 있다. 짧은 시간에 목표를 달성하기 위해 비용을 줄이다보니 안전보다 성장을 우선시하고 안전을 하찮게 여기게 되었다. 이로 인해 사고와 부패가 일어나게 된다. 안전을 습관화하고 규제를 강화해야 한다.

민주주의를 위해 자유를 쟁취했고, 산업화를 위해 나라를 성장시킨 우리나라의 다음 단계는 복지 사회를 구현하기 위한 '공화共和'에 있다. 제도의 공정성과 공익성 강화, 높은 공개성·투명성·포용성, 적극적인 시민의 참여, 안전을 위한 규칙 준수를 통해 우리 사회는 안전한 복지 사회로 함께 나아갈 수 있을 것이다.

07

1가구 1주택이라는 희망고문

코로나 시대, 주택의 개념 변화

코로나 사태로 인해 주거에 대한 개념에 큰 변화가 생겼다. 코로나로 인해 재택근무와 자가격리가 늘면서 양질의 주택에 대한 수요가 커졌다. 과거에 주택은 쉬거나 잠자리 공간으로 인식되었으나, 코로나를 겪으면서 업무, 운동, 학습, 취미 활동까지 할 수 있는 공간으로 변화되었다. 비대면으로 인해 새로운 여유 공간이 더 필요해졌기 때문에 중장기적으로 주택의 주거시설 및 구조, 운영 관리, 방역 관리 등의 방식이 이전과는 다른 현상들을 보인다. 공유 개념은 전염병 사태로 어려움을 겪으면서 축소되고 있다.

더구나 우리는 자가격리가 건국신화인 나라다. 곰이 쑥과 마늘만 먹고 100일을 버텨 사람으로 변해 단군 할아버지를 낳지 않았는가! 한국인만큼 격리 수칙을 잘 지키고 집에 집착하는 민족이 있을까 싶기도 하다. 직장인이 되면 제일 먼저 하는 일이 청약통장 가입이며,

신혼집을 자가로 마련해야 성공적인 결혼이다. '세상살이 설움 중 집 없는 설움이 가장 크다'고 할 만큼 내 집 마련에 필사적이다.

집은 인간다운 삶의 필수 요건이다. 그러나 투기를 불러일으키는 '부동산'으로 호명되면서, 주거에 대한 불평등과 양극화가 심화되고 있다. 서민이 아무리 열심히 땀 흘려 일해도 집을 소유하기는커녕 안정적으로 거주하기도 힘들어졌다. 편안한 삶을 보장해줘야 할 '집'이, 삶을 억누르는 '짐'이 된 현실이다.

특히, 서울의 집값과 주거에 대한 불안함은 더욱 심각하다. 개인이 소득을 단 한 푼도 안 쓰고 12년을 모아야 서울에서 집을 소유할 수 있다고 한다. 서울은 전국 17개 시·도 가운데 유일하게, 주택을 소유한 가구보다 무주택 세입자 가구가 많은 곳이지만, 세입자들의 주거 안정을 위한 정책은 뒷전으로 밀리고 있다.

우리나라는 가세 지출 부문에서 부동산이 차지하는 비율이 대단히 높다. 따라서 부동산 시장이 흔들리면 가계자산 불안으로 이어지는 구조가 될 수밖에 없다. 부동산은 재테크 성격도 강하지만, 주거생활이라는 생활 기본 수단으로서 변동이 낮은 편이다.

코로나로 주가가 폭락하고 환율이 급등하여 금융시장에 패닉 현상이 왔을 때도 부동산 가격에 급격한 변동성이 없었던 것을 보면 그렇다. 또한 초 단위, 분 단위로 거래되는 주식시장과 달리 거래금액도 크고 과정도 복잡해 상대적으로 반응 속도가 늦다.

정부는 긴급재난지원비, 각종 추경 편성이나 규제완화를 중심으로 재편하고 있지만, 유독 부동산 정책에는 요지부동이다. 따라서 주택에 대한 대출, 세제, 규제에서 큰 변화 가능성은 보이지 않는다. 일반적으로 금리가 인하되면 수요가 증가하는 효과가 있다. 예금 금리보다 임대 수익률이 높아 수익형 부동산 투자가 늘어난다. 그러나 초저금리 시대에도 불구하고 대출 규제의 벽은 높고 단단하다.

우리나라는 부동산 시장의 과열을 억제하기 위해 수요와 공급 대책으로 구분하여 정책을 펼치고 있다. 수요측 대책으로는 조세강화**거래세 강화, 보유세 강화 등**, 금융 규제 강화**DTI(금융부채 상환능력을 소득으로 따져서 대출한도를 정하는 계산비율)**, LTV**주택담보대출비율** 등이 있다.

한편, 공급측 대책으로는 공급 확대**신도시 건설**, 공급 규제 강화**재건축관련 규제 강화**, 분양가 상한제 등이 있다. 수요측 대책은 단기적 투기억제 효과가 있으며, 공급측 대책은 보다 중장기적인 효과가 있다.

김대중 정부 때 처음 도입된 DTI는 집값의 최대 70%를 대출받을 수 있었지만, 노무현 정부에서는 투기 억제를 위해 50%까지 상한선을 내리고, 각종 부동산에 대한 과세를 통한 투기 수요의 규제와 적극적인 공급 확대라는 기조에서 정책을 펼쳤다. 특히, 2008년 글로벌 금융 위기로 촉발된 금융 위기에서 세계에서 가장 안정적인 수준으로 부동산 가격을 유지하였다. 수요 억제 정책, 공급 확대 정책, 거래 투명화 정책으로 정부가 전면적으로 나서서 금융 위기에서 탈출

할 수 있었다.

이명박 정부는 LTV를 60%에서 70%로 완화했고, 무주택자에 한해 한시적으로 해제하기도 했다. 강남 재건축 시장을 활성화하고, 사회적 문제로 대두된 미분양 아파트를 해소하는 데 주력하는 방향으로 정책을 펼쳤다. 박근혜 정부 역시 전 정부의 정책을 이어가면서 부동산 시장 활성화를 목적으로 LTV를 70%로 완화했다.

문재인 정부는 역대 최고의 금융 규제를 시행하고 있다. 성장보다 분배를 우선시하는 기조를 갖고 투기지역 내 주택담보대출 제한 강화, LTV 및 DTI 기준을 투기지역에 40% 적용, 중도금 대출보증 건수의 제한, 주택가격 구간별 규제비율을 차등 적용하여 LTV 50%까지 적용하는 등 정책 강화 및 각종 세금정책을 강화, 부동산 행정 규제를 강화하였다.

정부의 다양한 규제 강화는 코로나로 인한 미래에 대한 불안감과 더불어 부동산 시장을 위축시켰다. 특히, 돈이 적은 무주택자는 대출을 잘 이용해 내 집 마련을 할 수 있어야 하는데, LTV만 아니라, DTI라는 이중 대출 규제로 인해 사실상 대출받기가 어려워졌다. 투기하는 사람들을 억제하겠다는 목표가 있어서 규제가 강화되었지만, 서민의 내 집 마련의 꿈은 점차 멀어져가고 있다.

1가구 1주택을 위해 청약 자격 조건이 완화되면서 희망고문이 늘고 있다는 점도 문제다. 규제를 늘리면서 가점을 대상으로 당첨자를 뽑는데, 가점이 낮은 3040 세대들의 박탈감만 커졌다. 이를 만회하기 위해 특별공급의 문턱을 낮췄지만, 낮은 문턱 탓에 경쟁률은 또 한없이 높아지고만 있다. 늘어난 특별공급만큼 1순위가 줄며 무주택 자격을 유지하던 4050 세대들의 불만도 터지고 있다.

부동산의 특성으로 자산 가치라는 소유 개념과 안정적인 공간 소유라는 주거개념이 있는데, 우리나라는 자산쪽에 좀더 주목해왔다. 주택가격 상승에 대한 기대감이 하락하면서 전세의 월세 전환이 가속화되어, 이제 주택을 소유의 대상보다는 자산의 개념으로 여기게 되었다.

특히 저성장, 저금리 현상과 더불어 저출산, 고령화라는 사회 문제는 부동산에서 뗄 수 없는 변화의 요인이 되었다. 정부의 부동산 정책은 이제 양적 공급 확대에서 공급의 질을 높이는 방향으로 전환하여 국민의 생애주기에 따른 맞춤형 주거정책을 확보해가야 한다. 부동산 투기를 막는 정부의 강력한 규제 정책이 내 집 마련을 위한 서민의 투자까지 막는 일이 없는 효과적인 제도 도입과 실현이 요구된다.

적극 도입이 필요한 선진국의 세입자 보호제도

국토교통부의 2020년 주거실태조사 결과에 의하면, 자가점유율은

57.9%, 자가보유율은 60%로, 전 국민 10명 가운데 4명은 집을 빌려 사는 세입자다. 코로나19 상황에서 세계 각국이 경기 부양을 위해 돈을 풀면서 부동산 가격 급등으로 자산 양극화가 심해지고, 전·월세 폭등으로 인한 세입자들의 주거 불안이 심각해지고 있다.

정작 전 국민의 40%에 해당하는 서민들이 여전히 주거 불안정 상태에 놓여 있는데 이에 대한 대책은 뒷전이다. 부동산 정책은 세제 완화, 용적률과 재개발·재건축 규제 완화 등 공급에만 초점이 맞춰져 있다. 수요·공급의 불균형, 부동산값의 급등, 저금리로 인한 월세화, 경기 침체로 인한 소득 저하 등 원인은 다양하다. 하지만 근본적인 이유는 세입자는 집주인에 비해 경제적·사회적 약자라서 그렇다.

세입자들이 궁극적으로 원하는 건 내 집 마련을 통한 안정적인 거주다. 우리나라에서 집을 산다는 것은 전 재산과 인생을 거는 일이다. 높은 집값에 은행에서 영혼까지 끌어모아 거액을 대출해야 한다.

세입자를 보호하려면 임대기간을 보장하고 임대료 인상을 규제해야 한다. 그러려면 법을 규정하여 제도화해야 한다. 그러한 측면에서 현행 주택임대차보호법은 아직 미흡한 점이 많다. 국민 주거생활의 안정을 보장하기 위한 주택임대차보호법의 입법 목적을 달성하기 위해서라도 실질적인 세입자 보호를 위한 법 개정이 절실하다.

선진국들은 이미 1960년대부터 세입자 문제를 해결하기 위해 꾸준히 임대차보호법 안정화 정책을 펼쳐왔다. 선진국 세입자 보호제도는 정해진 기한이 없거나 법정 갱신을 보장하는 방법을 통해 장기 임대차를 지향한다. 임대료는 표준**공정**임대료를 기준으로 참고해서 조정하며, 일정한 범위 안에서 인상하거나 규제하는 것을 기본으로 삼는다. 우리나라도 세입자 보호를 위해 주요 선진국들의 정책을 참고할 필요가 있다.

1) 스웨덴, 임대주택의 천국

요람에서 무덤까지 전 생애를 책임지는 복지 천국 스웨덴은 '임대주택의 천국' 으로 유명하다. 공공임대주택 비율이 20%로, 한국 7.45%의 3배 수준이다. 20%의 민간임대주택도 공공임대 수준으로 임대료를 통제한다.

스웨덴의 임대료 인상률은 공공이든, 민간이든 지역 단위로 세입자 단체, 지자체, 건물주단체가 협상을 통해 결정하며 연간 인상률은 1~2% 정도다. 임대주택에 한 번 입주하면 평생 거주할 수 있다. 일부 지역에서는 공공임대주택이 상속 대상이기도 하다. 한국의 공공임대주택은 엄격한 소득 제한이 있지만, 스웨덴은 18세 이상이면 소득, 재산과 상관없이 누구나 신청할 수 있다.

특히, 1930년부터 주거 환경이 가장 취약한 농촌지역 주민들, 일용직, 자녀가 많은 빈곤 가정, 노인 등을 대상으로 주거 보조정책을 중점적으로 시행했다. 정부의 적극적이고 지속적인 개입은 주택가격을 안정시켰으며, 모든 국민을 위한 보편적인 주거정책을 실현할 수 있게 했다.

스웨덴에서는 모든 가구가 자신들의 필요와 생애주기 계획에 맞춘 주거를 마련할 수 있다. 자가 소유 주택에 집착하지 않고, 내 집이 없더라도 공공임대든 민간임대든 안정적이고 편안히 살 수 있는 토대를 만들었다.

스웨덴의 주택 정책에서 우리가 본받아야 할 점은 주택 문제를 경제 원리보다 보편주의를 바탕에 두고 사회복지적 관점에서 접근하였다는 점이다. 이로 인해 사회적 양극화를 해소하는 성과를 거두었다.

2) 독일, 안심하고 오래 살 수 있는 세입자의 천국

독일은 OECD 국가 중 집값이 장기간 가장 안정된 국가이며, 안심하고 오래 살 수 있는 '세입자의 천국'으로 호평받는다. 그중에서도 주택정책 사례가 높은 평가를 받는데, 집을 살 필요가 없는 나라가 바로 독일이다. 독일은 유럽 내에서도 가장 강력한 세입자 보호제도를 갖춘 국가다.

우리나라는 OECD 평균보다 공공임대주택 지원 비율이 낮다가

2021년 들어 평균 수준에 도달했다. 누구나 살 만한 집에서 걱정없이 오래 살 수 있는 권리인 주거권을 갖는 일은 더 이상 미룰 수 없는 일이다. 그런 점에서 독일 베를린 세입자들의 주택 사회화를 위한 운동의 성과를 본받아야 한다.

독일은 제1, 2차 세계대전을 겪으면서 심각한 주택난에 시달렸다. 이 문제를 해결하고자 다른 국가들과 달리 1960년대부터 민간자본 시장이 주택 공급을 주도하는 정책을 추진하였다. 그러면서 동시에 민간임대시장에 대한 규제 정책을 강화했다.

특히, 독일은 기간을 정하지 않은 임대차가 원칙이다. 임차인이 원하면 10년 거주기간이 보장되고, 퇴거를 강제할 수 없다. 즉, 계약해지 사유가 발생하지 않는 이상 세입자는 기간의 제한 없이 계속 거주할 수 있다. 임대인이 계약을 해지하기 위해서는 세입자가 임대료를 연체하거나, 임대인이 직접 거주하는 등의 정당한 사유가 있어야 한다. 사유가 있더라도 계약해지가 임차인에게 가혹한 경우에는 해지할 수 없다. 기간을 정한 임대차는 엄격한 조건에서만 예외적으로만 가능하다.

이러한 법적 장치를 통하여 실제 독일은 세입자의 평균 거주기간이 약 12.8년에 이를 정도로 임대차 안정화를 이루고 있다. 독일은 임대료 통제를 위해 2015년부터 베를린 등 주요 도시에 대해 지역별로 건축 연도, 집의 위치, 면적 등을 고려한 '표준 임대료'를 설정하여 기준보다 10% 이상 월세를 못 올리도록 규제를 강화했다.

3) 네덜란드의 사회주택

네덜란드는 공공임대주택이 전체 주택에서 35%나 된다. OECD가 해마다 발표하는 공공임대주택 지원 수준에서 매년 1위를 차지한다. 우리나라는 하위권에서 점차 올라와 2021년에는 9위를 기록했다.

공공임대주택은 비영리단체가 운영하는데 이를 '사회주택'이라고 부른다. 우리는 집을 찾을 때 부동산에 가지만, 네덜란드는 사회주택 협회로 간다. 여기에서 집을 구하고, 여건이 안 맞을 때 민간 부동산으로 간다.

정부나 자치단체로부터 자금을 지원받고, 저렴한 가격에 토지를 공급받는 등 각종 혜택이 많다. 또한, 정부가 강력하게 규제한다. 이러한 법은 이미 120년 전에 만들었을 정도로 역사도 길다.

네덜란드에서는 민간과 공공임대가 모두 임대료 통제 대상이지만, 공간이 넓고 시설이 좋은 임대주택은 공공이든 민간이든 임대료 통제를 받지 않는다. 공공임대주택을 운영하는 비영리 법인의 수익성을 높여주고 고급 임대주택 건설을 촉진하기 위해서다. 민간임대주택의 70% 정도는 규제를 받지 않는다.

4) 오스트리아, 임차인의 파라다이스

주민 80%가 임대주택에 사는 오스트리아 빈은 여전히 '임차인 파라다이스'라는 명성을 유지하고 있다. 임대주택의 60%가 공공임대주택인데 입주 대기 기간은 평균 2년 정도로 비교적 짧다. 거의 100년간 사회민주당이 빈 시정을 장악하여 임대주택 건설을 역점 사업으로 추진한 결과다.

성공의 또 다른 비결은 꾸준한 주택 건설에 있다. 빈 시청 자료로는 연간 주택 건설이 1,000명당 3.8채로, 유럽 도시 중 공급이 많은 편이다. 빈은 난민 유입 등 인구가 급증하면 주택 건설을 크게 늘린다. 시 정부가 사유지를 미리 사들여 주택 건설에 대비하는 '택지 비축' 제도도 공급 확대에 도움이 됐다. 소득 상위 25%는 공공임대주택에 입주할 수 없다.

빈 정부는 부분적으로 토지를 사들이고 막대한 양의 토지를 확보한 후 비영리기업, 주택 기업에 매우 저렴한 가격으로 양도하는 매우 적극적인 토지 정책이 있다. 또한, 토지 가격을 통제하고 매우 저렴한 대출로 구성되는 건설 보조금이 있다. 비영리기업이 건설을 수행하고 관리할 수 있도록 저렴하게 자금 조달을 제공한다.

'유한이익 주택법Limited-Profit Housing Act'에 따라 수익은 건물 보수와 신축에 재투자해야 하는 의무가 있다. 정부의 공적 보조금으로 건설되는 신규 주택 중 80%는 사회주택으로 사용해야 하기 때문에 지속적인 공급이 이뤄지면서 집값 안정화로 이어지는 선순환 구조를 가진다. 세계 여러 나라가 롤모델로 삼고 있다.

5) 한국, 이제 주거 안정이 필요하다

이상에서 살펴본 바와 같이 해외 주요 선진국들은 기본적으로 법제도로 장기 임대차를 보장하고 임대료의 과도한 인상을 강력하게 규제함으로써 세입자들을 보호하고 있다. 그러나 우리나라는 내 집 마련, 영끌해서 집 사기 등 자가 보유를 우선으로 삼는 부동산 정책을 펼치면서 국가가 책임져야 할 국민의 주거 안정을 국민의 부담으로 떠넘기고 있다.

선진국들의 세입자 보호제도는 주택의 소유 여부와 상관없이 각자의 생활 수준에서 부담이 가능한 수준에서 장기간 안심하고 거주하는 데 목표를 뒀다. 그중에서도 경제적 부담 능력이 낮은 세입사들의 주거 안정을 위해 각종 법적 보호장치를 마련해두었다. 우리나라도 앞으로 세입자 보호제도를 어떻게 발전하고 진행해나갈 것인지 본받아야 할 점이 많다.

임대차 3법**계약갱신청구권, 전월세상한제, 전월세신고제**은 거주의 불안정성을 완화하기 위한 시도다. 계약갱신청구권이 보장되면 최소 거주 기간이 2년에서 4년으로 늘어나면서, 계약 만기가 다가올 때마다 불안에 휩싸였던 세입자들의 거주도 크게 안정될 것이다. 국가는 적극

적인 임대차 안정화 정책 및 법제화로 세입자들의 주거 안정을 책임

져야 한다.

〈유럽과 한국의 임대주택표〉

유럽과 한국의 임대주택

	임대주택 비율		임대료 통제	특징 및 부작용
	공공	민간		
스웨덴	19%	20%	-공공, 민간 모두 세입자, 건물주 연합회 단체 협상을 통해 인상률 결정. 연간 1~2% 상승 -신청순으로 입주, 종신 임대 가능	-임대료 통제로 공급 감소 -스톡홀름의 인기 지역은 20~30년 대기 -암시장을 통해 웃돈 거래
네덜란드	30	10	-민간 임대도 임대료 통제, 다만 정부 평가를 통해 일정 기준 넘는 주택은 자율 결정 -2005년 소득 제한 도입	-암스테르담은 대기 기간 15년, 인기 지역은 최장 22년 -암시장을 통한 웃돈 거래
독일	8.4	39.8	-민간 임대도 원칙적으로 무기 계약 -2015년부터 주요 도시에 민간 임대료 통제 도입	-민간 임대주택 공급 감소 -리모델링 시 임대료 통제 받지않는 조항을 활용해 임대료 인상 -베를린시는 5년간 집값 동결, 그러나 위헌 판결
한국	8	33	-공공은 소득 제한 -임대차법 개정으로 계약 기간을 2년에서 4년으로 연장, 2년 연장 시 인상률 5%로 제한	-대선 주자들 임대주택 공급 확대 및 소득 제한 철폐 공약 -임대차법 개정으로 전세 매물 감소 등 부작용

출처: 〈유럽 임대주택 모범국 보니…인기 지역 20년 기다려야 입주〉, 조선일보, 2021.8.12
(차학봉 기자)

꿈의 부동산 정책을 찾아서

주택은 필요에 따라 임차하거나 임대할 수 있으며, 개인이 소유하여 거주하는 지극히 사적인 공간이다. 주택은 인간 생존에 필수적인 요소이며 소중한 보금자리다. 학교나 일터에서 돌아와 쉴 수 있는 안식처이며, 사회의 최소 단위인 가정을 구성하는 공간이다.

그런데 집값 폭등이나 잦은 이사로 주거가 불안해지면 개인의 삶은 위태로워진다. 따라서 정부는 주택시장 안정을 위해 적극적으로 노력해야 한다. 주택은 사적인 공간이지만, 공공성이라는 성격 또한 갖기 때문이다.

그러나 2년마다 임대인이 요구하는 만큼 임대료를 올려주거나 이사 가야 하는 것이 당연한 것으로 여겨지는 한국의 왜곡된 임대차 세상에서 세입자에게 갱신권을 부여하고, 임대료 인상률도 일정한 수준으로 제한하자는 법이 황당하다며 공격하는 일이 벌어지고 있다. 그동안 세입자들의 설움과 고통을 외면하고 오히려 불투명한 임대수익을 누려온 임대인을 걱정하는 일부 언론의 왜곡된 편파보도가 더 황당하다. 임대차 3법을 두고 '임대인 역차별법, 임대시장 붕괴 초래, 공산주의 국가에서나 볼 수 있는 재산권 침해, 세입자들의 을질, 건물주 위에 세입자 있다'는 등의 왜곡된 기사로 비난을 쏟아내고 있다.

그러나 이러한 제도는 해외 선진국에서 오랫동안 시행해온 제도다. UN은 한국 정부에게 임차인에게 계약 갱신권을 보장하고 임대료 상한제를 도입하여 거주의 안정성을 높이도록 조치해야 한다고 권고한 바 있다.

독일, 프랑스, 일본, 미국의 대도시와 주요 선진국들은 임대차 갱신제도를 통해 장기간 안정된 주거를 지향하고, 갱신할 때도 인상 폭이 지나치게 높지 않게 인상률 상한선을 정해 세입자를 보호한다. 2020년부터 시행해온 임대차 3법이 황당하다면 그만큼 우리 사회가 잘못된 제도를 오랫동안 시행했음을 반증하는 증거가 된다.

그동안 정부의 부동산 정책이 국민의 전적인 신뢰와 동의를 받지 못한 이유는 정책적 불안정성의 연속선상 때문이다. 세금 불만, 집값의 불안정성, 미래에 안정성이 담보되지 못할 것이라는 불안함이 복합적으로 나타나 앞으로 내놓을 정책에도 미덥지 못한 마음이 크다.

당장 집값 폭등 문제는 과도한 수도권 집중화로 인한 문제인데, 장기적인 관점에서 개발을 어떻게 할 것이며, 어떻게 억제해나갈 것인지에 대한 논의가 필요하다. 수도권에는 늘 집이 부족하다며 끊임없이 아파트를 짓고, GTX같은 새로운 교통수단을 만들고 있지만, 그 결과 더 많은 사람을 수도권으로 불러들이고 있다. 그래서 수요는 증가하고 집값은 천정부지로 솟는다.

이런 상황에서 수도권 집중화 문제를 어떻게 해결할 것인가?

부동산 가격을 안정화시킬 수는 있을까?

정부는 공급, 세제, 금융, 임대시장 관리, 주거복지의 5가지 정책을 펼칠 수 있다. 부동산 투기를 억제하고 자산 불평등을 완화하기 위해서는 다음과 같은 정책 추진이 필요하다.

첫째, 전국의 주택보급률을 100% 이상 확보한다.

늘 빈집의 여유가 있어야 매매의 완충지대 역할을 할 수 있다. 수치상으로 우리나라의 주택보급률이 100%라고는 하지만, 1가구 1주택으로 전 국민에게 공평하게 배분된 것이 아니다. 한 사람이 수백, 수천 채를 소유하는 경우도 많다. 국민의 안정적인 주거 환경을 위해 주택자가보유율을 높여야 한다.

둘째, 주택시장이 활발해야 한다.

높은 거래세와 낮은 보유세 시스템을 선진국처럼 낮은 거래세와 높은 보유세로 혁신하여 주택시장의 활성화를 꾀한다. 특히, 보유 중심의 높은 세제 개편이 필요하다.

셋째, 주택은 양보다 질이 중요하다.

노후하고 열악한 지역은 최소한의 주거기준에 맞도록 주거의 질을 높인다. 주택의 양보다 중요한 것은 질이다. 그 누구도 낡고 허름한 집에서 살고 싶어하지 않는다. 꾸준한 재개발과 재건축을 통해 양질의 주택을 공급한다.

넷째, 실수요자를 위한 대출 규제의 완화가 필요하다.

정부는 늘어나는 가계 빚이 사회 문제로 번짐에 따라 대출 문턱을 높이기로 결정하면서 DSR 40% 규제를 모든 대출 규제에 철저하게 적용하기로 하였다. 이에 따라 현금이 있는 사람만 집을 구입할 수 있으며, 저소득자나 이제 막 취업길에 들어선 청년의 내 집 마련의 길은 점점 더 멀어졌다. 실질적으로 집이 필요한 무주택자와 투기 목적인 사람과의 구분이 필요하다. 특히 신혼부부, 청년, 무주택자 등 주거취약계층과 실수요자의 피해가 예상되므로 계층에 따른 대출 규제 완화가 병행되어야 한다.

다섯째, LH에서 토지은행을 분리해 별도로 설립한다.

국민을 기만하고 허탈감에 빠트린 LH 사태를 계기로 주거정책의 개혁이 필요하다. LH공사는 공권력을 이용하여 땅과 집 장사에 치중하며 과도한 역할을 집중적으로 맡음으로써 부패가 만연하게 되었다. LH의 사업 구조의 변경이 필요하다. 주택도시기금과 예산을 투입해 공공택지를 매입해서 비축해둔다. 공공주택 사업을 위해 민간에 매각하기보다 국가에서 매수하여 비축한 뒤, 순차적으로 공공임대주택 공급을 위해 택지를 제공하는 방법으로 바꾸는 것이 타당하다.

30억짜리 주택 소유자의 종합부동산세보다 더 많은 주거비를 단칸방 좁은 원룸의 월세로 내야 하는 청년 세입자의 한탄, 서울살이 20년간 16번 넘게 이사 다녔다는 세입자 가장의 분노, 저축한 돈으로 감당할 수 없는 전셋값 인상, 은행 대출 창구를 방문하며 등급심사를 받는 세입자의 비참함, 이제 돈을 모아 집 좀 사려고 하면 높아지는 대출 규제에 내 집 마련이 희망고문이 되는 무주택자들의 자괴감, 갱신 기간이 올 때마다 주인집의 눈치를 봐야 하는 세입자의 한숨과 고통을 이제는 덜어줘야 한다.

신혼부부를 위한 주거정책이 필요한 이유

2017년부터 고령 사회에 접어든 우리 사회는 급속한 고령화와 인구 절벽이라는 위기를 맞았다. 고령화가 진행되면서 안정적인 자산으로 내 집 마련을 지향하는 사람들이 늘어나고 있다. 인구 고령화 시대, 주거공간이 1~2인 가구 위주로 변해가는 현상은 이미 십여 년 전부터 예고되어 왔다. 1~2인 가구 급증과 저출산, 결혼은 했지만 아이를 낳지 않기로 선택한 부부와 같은 가족의 변화는 부동산 시장에 변화를 가져왔다.

특히, 비연애 · 비섹스 · 비결혼 · 비출산을 주장하는 '4B'를 주장하는 2030세대 여성들이 많아지고 있다. 사회 · 경제적 고통이 커 연애 · 결혼 · 출산 세 가지를 포기하는 젊은 세대가 이젠 결혼과 출산까지 거부한다. 여성의 '섹스 리스'가 출산율 저하로 이어질 것은 뻔한 일이다. 결혼해도 아이를 낳지 않겠다는 '출산 거부' 여성도 늘고 있다. 지난해 우리나라 합계 출산율은 세계 최저 수준인 0.84명, 서울의 합계 출산율은 0.64명이었다.

우리 사회에서는 출산과 결혼을 기피하는 인구가 증가하고 있는데, 그 주요 요인으로 자녀 양육이나 주택 마련에 필요한 비용의 부담이 큰 비중을 차지한다. 결혼 적령기의 사람이 결혼을 망설이는 가장 큰 이유는 결혼 비용과 신혼집 마련 때문이다. 신혼부부는 집을 살 돈이 없다. 부모의 돈으로 사거나 짧은 직장생활의 급여소득으로 사야 한다. 주택담보대출을 받아서 살 경우 은퇴할 때까지 쉼 없이 대출금을 상환해야 한다.

신혼부부가 가족계획을 세울 때 주거 문제를 1순위로 고민하는 데 반해, 청년 및 신혼 가구의 주거 안정성은 매우 취약하다. 따라서 정부는 신혼부부와 청년층의 경제적 안정을 지원하고자 주거지원정책을 별도로 마련해야 한다.

신혼부부와 청년의 주거를 지원할 때는,

첫째, 신혼부부 주거지원 공백을 해소하고 육아 여건을 개선해야 한다.

둘째, 공공주택, 분양가상한제가 적용되는 민간주택을 특별공급한다.

셋째, 주택도시기금을 조성해서 지원해야 한다.

정부는 주거 사다리 시스템을 1990년대 초부터 갖추기 시작하면서 2017년에는 공적 임대주택 공급, 신혼부부 생애 최초 전월세 보증금 융자, 매달 주거안정 지원금 지원, 청년 셰어하우스형 임대주택, 홀몸 어르신 맞춤형 공동홈 등의 다양한 정책을 내놓았다. 주거 사다리는 말 그대로 내 집 마련을 위해서 사다리 계단을 하나씩 밟고 올라가야 하는 것을 말한다.

신혼부부, 무주택자, 다자녀가구, 노부모 부양자 등은 생애최초로 주택을 구입할 때 특별공급 대상자에 해당하며 주택청약의 공급 기회를 우선적으로 부여받는다. 특별공급은 정책석 배려가 필요한 계층의 주택 마련을 돕는 제도로 아파트 분양의 10~20%를 이들에게 배정한다. 신혼부부와 청년에게 주거생활 안전 지원정책을 통해 출생률과 혼인율 제고, 주거 안정이라는 효과를 가져올 수 있다.

정부는 주택가격을 잡기 위해 '부동산 3법 **종합소득세법, 소득세법, 법인세법 개정안**' 과 '임대차 2법' 을 통과시킴으로써, 전월세 신고제, 전월세 상한제, 계약갱신 청구권제로 제도를 정비하는 한편, 서울 등 수도권 주택 추가 공급 방안도 발표했다. 이 제도는 궁극적으로 청년 실업과 서민을 위한 주택정책이며, 출산율 저하에 따른 방안이기도 하다. 청년 또는 신혼부부를 위한 맞춤형 도시 조성과 주택 10만 호 공급을 발표하고, 100만 가구의 공공주택과 맞춤형 주거금융지원에 일환이라 할 수 있다.

젊은 세대가 결혼하지 않거나, 자녀 갖기를 주저하는 문제에 대한 근본 원인을 찾아 해소해주어야 한다. 출산율은 젊은 세대가 이 사회에 대하여 내리는 종합평가라고 볼 수 있다. 결혼과 출산을 하라고 설득하기 전에 그들이 원해도 결혼이나 출산을 어렵게 하는 사회경제적 여건을 먼저 개선해야 한다. 지나친 계층 간 격차사회, 지나친 경쟁사회인 우리 사회의 근본 틀을 바꿔야 한다.

가장 왕성한 활동을 통해 국가 경제의 든든한 기둥 역할을 수행해야 할 젊은 세대가 위축되어 있으면 사회가 불안정할 수밖에 없다. 신혼부부와 청년의 경제 안정화를 위해 운영되는 주거복지정책으로 많은 사람이 혜택을 누릴 수 있어야겠다.

08

노후가 편안한 노인정책의 제도와 활성화

당신의 노후는 안녕하신가요

 시간만큼 공평하고 공정하게 흐르는 것은 없다. 그리고 어떤 시점이 되면 우리는 모두 노인이 된다. 그렇다고 모두 같은 노년기를 겪지는 않는다. 어떤 요소를 더 갖췄느냐 갖추지 못했느냐에 따라 노년기의 질이 달라진다. 100세 시대를 안녕히 살아가려면 필요한 요소가 많은데 크게 3가지가 중요하다.

 첫째, 경제적으로 생활을 유지할 수 있게 해주는 '노후 자금'이 중요하다.
 둘째, 노년을 보낼 안정된 '주거'와 함께할 '가족'이 필요하다.
 셋째, 일상생활을 하는 데 몸이 불편하지 않을 정도로 '건강'해야 한다.

 2025년 한국의 65세 이상 노령인구는 총인구의 20%를 넘어서며

초고령사회로 진입할 전망이다. 오는 2045년에는 세계 최고 고령국인 일본을 따라잡고, 2067년에는 65세 이상 노령인구 비중이 47%까지 상승할 것으로 예상된다.

그런데 우리나라는 청년, 장년, 노년 할 것 없이 전 세계 자살률 1위다. 노인 자살률은 훨씬 심각하다. 자살을 선택하기까지 노인의 삶은 불안하고 고통스럽다. 빠른 핵가족화, 도시화, 산업화가 진행되면서 자녀와 동거하지 않는 노인이 많아지면서 외롭게 살아가고, 빈곤, 노환과 만성 질병까지 겹쳐 우울증에 걸리면서 자살률이 급증하였다.

한국의 노인은 OECD 국가 중에서 가장 가난하다. OECD 중 노인 빈곤율이 50% 정도로 가장 높고, 51~60세 국민연금 가입자 중에서 국민연금 수령액이 130만 원이 넘는 가입자는 8%에 불과하다.

노인 범죄도 늘고 있다. 경찰청에 따르면, 60세 이상 고령자의 형법 위반 사례가 10년 사이 두 배 이상 증가했다. 이 중 상당수가 먹고 살기 힘들어 저지르는 '생계형 범죄' 다. 이 추세라면 차라리 범죄를 저지르고 감옥에 갇히는 것이 감옥 밖보다 안전하다고 여기는 일이 많아질지도 모르겠다. '천만 노인의 시대' 를 앞둔 우리나라의 노인은 빈곤, 질병, 외로움, 자살이라는 어려움을 갖고 있다.

우리나라의 노인이 이렇게까지 가난해진 이유는 무엇일까?

첫째, 노후 소득보장제도가 부실하기 때문이다.

국민연금 수급자의 연금 수령액은 매월 20~30만 원 정도로 노인 빈곤을 해소하기에는 역부족이다.

둘째, 자녀에 대한 교육비와 양육비, 자녀 결혼자금을 들 수 있다.

우리나라 부모의 자녀교육에 대한 열정은 세계에서 둘째가라면 서러울 정도다. 문제는 이 열정이 과도한 교육비 지출로 나간다는 점이다.

셋째, 의료비 지출이다.

노인 진료비는 전 연령 진료비 대비 40%에 이른다.

북유럽 대부분의 국가에서는 노인들이 행복하게 산다고 한다. 65세 이상의 노인 약 40%가 돈을 벌기 위해서가 아니라 자신의 행복을 위해서 하고 싶은 일을 계속한다. 다수의 노인은 충분한 공적 노령연금을 받으며 노년의 안락함을 즐기며 산다. 오랜 기간에 걸친 노후 소득보장 제도가 잘 갖추어진 탓이다.

인권을 중시하는 스웨덴에서는 노후 소득보장을 노인의 인권으로 간주하고 65세 이상의 노인은 국세로 충당되는 최저보장 연금을 지급받는다. 노인복지는 가사 돌봄, 가정방문 의료, 특별 요양시설, 주간 활동 및 사회 활동 지원, 가족 친척 지원, 이동수단 지원, 보행 도우미 등 다양하게 마련되어 있다. 연금은 1인 평균 260만 원 정도이고, 최상의 서비스를 제공하는 요양시설이 매월 60만 원 내외로 나라에서 노후 준비를 모두 해주는 셈이다.

세금을 많이 내기로 유명한 프랑스에서는 65세부터 평균연봉의 80%를 연금으로 죽을 때까지 받고 유치원부터 대학까지 무상 교육이다. 스웨덴은 고령화에 대비해 구조적인 연금 개혁을 했다. 미래 연금 수령액이 정해져 있고 가입자들의 보험료 비율을 조정해 재정을 맞췄다. 연금을 일찍 받으면 금액이 줄고 늦게 받으면 연금액이 늘어난다. 대신 정부가 연금수급액이 적은 노인을 위해 최저연금을 보장해준다. 최저보장 연금은 젊을 때 꾸준히 연금을 냈든, 한 푼도 내지 않았든 누구에게나 동등한 혜택을 준다.

여기서 중요한 것은 퇴직연금과 개인연금에 대한 인식이다. 스웨덴 역시 '프리미엄 연금'이라는 강제 가입 방식의 사적 연금을 새로 도입했다. 이는 투자형 연금으로 가입자가 스스로 투자할 상품을 선택할 수 있다. 노후 보장이 잘된 나라의 특징은 공통적으로 연금제도가 탄탄하다는 점이다. 공적연금, 퇴직연금, 개인연금 등 3중으로 튼튼하게 보장한다.

의료 서비스는 기본적으로 모두 무료다. 뇌 수술, 심장 수술 같은 중증 의료는 물론이고, 자기부담 상한액도 연간 약 55만 원 정도를 넘지 않는다. 이러한 복지를 구현하려면 젊어서부터 세금을 많이 내야 한다. 평균 세율은 32%, 부유층은 소득의 60%를 내고 물건을 구입할 때 내는 부가가치세는 25%, 법인세는 21.4%에 달할 정도로 높다.

그러나 제도에 대한 신뢰 때문에 불만은 많지 않다. 젊을 때 세금을 많이 내지만, 아플 때나 노후에 복지를 통해 돌려받는다는 믿음이 있다. 형평성 있는 분배가 이뤄져 국민 간 위화감이 적다. 복지를 늘린다면 세금의 추가 인상에도 찬성한다는 여론이 우세하다.

따라서 우리나라와는 달리 자식에게 경제적으로 기대는 일이 거의 없다. 아름다운 노년의 삶은 노인의 빈곤을 해결하는 데서부터 시작해야 한다. 그러려면 정부는 기초노령연금의 급여액을 인상해야 한다.

장기적인 질병과 노인 질환을 돌봐줌으로써 비관에 빠지지 않도록 도와야 한다. 노인장기요양보험 대상자를 크게 확대하고, 양질의 서비스 제공을 위해 공공 장기요양시설의 확대가 필요하다.

또한, 일하기를 희망하는 노인이라면 모두 일할 수 있도록 일자리를 확충하고 제공해주어야 한다. 노인의 연륜과 지혜가 사장되는 것은 사회적 낭비이자 국가적 손실이다.

노인이 잘 살아야 나라가 산다

자본주의 사회에서 노인이 된다는 것은 노동력 상실과 소득 중단을 의미한다. 그러나 노인이 되어서도 빈곤하지 않고 인간다운 생활을 하며 아름다운 노년의 삶을 즐길 수 있는 방법이 있다. 바로 연금을 통해서다. 특히, 공적연금은 자본주의 사회에서 가난할 수밖에 없었던 노년의 삶을 바꾸었다.

공적연금은 오직 불확실한 노후의 소득 보장을 위해 존재한다. 공적연금은 노동을 할 때는 월 소득의 일정 부분을 강제 납입하여 퇴직이나 장애를 입었을 때 매달 일정액의 보험금으로 소득을 보장한다.

그렇다면, 공적연금제도에서 우리가 간과하고 있는 것은 무엇일까?

자본주의 체제에서는 누구에게나 닥칠 수 있고, 누구도 피할 수 없는 위험을 사회적 위험으로 규정하고 사회가 함께 대비해나간다. 노후소득보장제도는 노동과 여가, 인간의 생애 주기가 한 개인에게만 적용되어 형성되어가는 게 아니라 집합적으로 엮이면서 같이 준비해가야 하는 영역이다. 혼자 준비할 수 있다면 사회적 위험이 아니다.

사회복지정책을 하는 사람들에게는 너무 쉽게 얘기되지만, 일반 사람들에게는 제대로 동의를 얻지 못했던 부분이 바로 이 지점이다. 연금으로 세대와 계층이 서로 엮인다는 사실이다. 즉, 공적연금은 나만의 저축이 아니라, 함께 저축하여 함께 보장받는 공동구매 형식이라는 점이다. 함께 준비한다는 생각이 없으면 불가능한 일이다.

국민연금은 가입자가 죽을 때까지 받는 급여다. 오래 살수록 연금을 더 많이 받을 수 있으며, 낸 보험료보다 더 많은 연금을 받는다. 그러나 국민연금의 재정 고갈, 연금 파탄 등 우리 국민은 연금의 도입부터 현재까지 정책에 대한 불신이 크며, 세금을 갈취하는 수단으로 인식할 정도로 반감도 크다.

설계 당시부터 논란의 불씨가 있었는데, 1988년 정부는 월 수입의 3%를 내고 평균 수입의 70%를 연금으로 받는다며 장밋빛 선전을 해댔다. 그러나 국민연금은 5년마다 제도를 수정하는 수정 적립 방식을 취하고 있다. 5년마다 연금의 재정 상태와 경제 상황을 종합적으로 고려했을 때 2050년 경에는 기금 고갈이 예상된다는 것이 전문가들의 계산이었다.

특히, 저성장 국가에 저출산 고령화 사회가 더해진 시대에 이런 체제로는 국민연금을 유지할 수 없다. 고령화 시대를 맞이하여 연금 수급자는 늘어만 가고, 보험료를 낼 사람은 줄어만 가고 있다. 보험료를 납부할 사람이 줄어들더라도, 경제 성장이 잘 이루어진다면 연금 지급에 큰 문제는 없다. 그러나 인구 감소와 저성장이 겹치면, 젊은 세대의 부담은 커질 수밖에 없다.

국민연금의 문제점은 크게 두 가지다.

첫째, '불균형'이다.

초기의 연금 설정에 실패한 것인데, 적은 보험료를 내고 노후에 받아야 하는 금액이 많은 것에 대한 불균형으로 재정 악화 및 연금 파탄이 우려된다. 당장 연금 개혁이 이루어지지 않으면, 현재 청년 세대에 막대한 세금 부담이 전가될 것으로 예상된다.

둘째, 국민연금과 타 연금과의 '균형성' 이다.
군인과 공무원 연금은 이미 적자여서 국민의 세금을 쏟아붓고 있지만, 구조를 개혁하는 데는 손도 대지 못하고 있다.

따라서 국민연금의 보험료를 올리는 것으로 현재의 '저부담 고급부' 의 구조를 고령화 사회 흐름에 따라 '고부담 저급부' 구조로 개혁하는 방법이 있다. 그럴 경우 재정은 건실해지겠지만 개개인의 노후 소득 보장에 도움이 되지 않는다는 단점이 있다. 국민연금은 노후 사회안전망으로서의 역할을 해야 하는데, 낮은 보험료로는 노후에 용돈 수준밖에 되지 않으며 중하위층의 노후가 불안해지고 빈곤한 노년층으로 인해 사회 통합을 이루기가 불가능해진다.

세계 각국이 고령화에 따른 기금 고갈과 재정난 해소를 위해 연금개혁에 고삐를 죄기 시작하면서 정부와 국민 간에 갈등이 번지고 있다. 정부가 연금에 칼을 든 이유는 그만큼 절박해진 재정 상황 때문이다. 유례없는 초저출산으로 보험료를 낼 청년과 중년층은 급격히 줄어들고 연금을 받는 노년층이 급증하면서 전 세계는 이미 공적연금의 지속 가능성에 경고등이 켜졌다. 전문가들은 연금개혁의 '골든타임'을 놓치지 않으려면 보험료율 인상을 포함한 재정 안정화를 추진해야 한다고 하나같이 말한다. 또한, 사회적 합의기구를 구성해 연금 개혁에 대한 사회적 공감대를 형성하고 대국민 설득에 나서야 한다.

연금 개혁의 성공적인 모범 사례로 꼽히는 곳은 스웨덴이다. 스웨덴의 연금제도는 100여 년이 넘는 역사를 지니고 있다. 국민 전체를 대상으로 세계 최초로 연금을 도입한 국가이기도 하다. 인구의 변화, 경기 불황, 연금 재정에 대한 불안함 등 스웨덴도 우리와 비슷한 문제점과 우려를 겪어왔다. 이러한 문제점을 해결하고자 연금제도는 변화를 거듭하였고, 현재에도 꾸준히 개혁이 이루어지고 있다.

1913년 처음으로 공적연금을 도입한 스웨덴은 기존의 보편적 기초연금에 우리의 국민연금과 비슷한 개념의 사회보험 방식인 소득비례연금보험을 1960년 개시했으나 공적연금의 재정 건전성 악화와 경기 불황이 계속되자 중산층보다 빈곤층에 대한 국가 지원을 늘리는 방향으로 연금제도를 개편했다.

이 과정에서 1985년부터 개혁이 성사되는 약 13년 동안 스웨덴 내 모든 정파가 참여해 치열한 논쟁을 벌이며 국민적 합의를 도출해냈다. 이렇게 국민적 합의에 기반한 연금 개혁은 국가 재정위기는 물론 향후 문제가 될 세대 간 분담 문제 해결에도 도움이 된 것은 자명하다.

노인 천만이면 나라도 든다

농경사회에서는 죽을 때까지 일을 그만두지 않았다. 나이가 들수록 일의 강도가 줄었을 뿐, 사람들은 계속 일했다. "집안에 노인이 없거든 빌려라"라는 그리스 속담과 "노인 한 명 죽으면 도서관 하나가 불타는 것과 같다"라는 아프리카 속담이 있다. 연륜과 경륜이 얼마나 중요한지를 잘 보여주는 말이다.

가정에도 국가에도 노인의 연륜과 지혜가 필요하다. 우리나라는 곧 노인 1,000만 명 시대가 온다. 5명 중 1명은 노인이라는 뜻이며, 청년 3명이 노인 1명을 먹여 살려야 한다.

이런 기형적인 인구 구조를 가진 사회를 건강한 사회라고 볼 수 있을까? 그리고 정상적인 경제활동을 기대할 수 있을까?

100세 장수 시대에 노인을 일찍 은퇴시키는 것은 국가적 자원 낭비다. 고려 시대와 조선 시대에 정년은 70세였으며, 황희 정승은 87세가 돼서야 사직했고, 영조 대왕은 83세까지 정무를 돌봤다. 당시 평균 수명이 40세인 것을 감안한다면, 수명과 은퇴는 상관 관계가 없다고 봐야 한다.

은퇴란 산업혁명이 낳은 사회경제적 현상 중 하나다. 산업화 시대에 공장주들은 나이가 많아 작업 속도가 느린 노인보다 젊은이들을 더 고용하고 싶어했다. 당시에는 인력이 넘치던 시절이었다. 일정한 나이가 되면 쉬어야 한다는 그럴싸한 논리가 빠른 속도로 번져나가면서 정년제도가 본격적으로 도입되기 시작했다. 그러나 공장에서 쫓겨난 노인들은 먹고살 길이 막막했고 계층 간 불평등이 심화되기 시작하였다. 그러자 각국에서 노인연금을 포함하여 각종 사회보험 제도를 도입하기 시작했다.

정년제도로 인해 노동력은 감소하고 청년이 세금을 부담해야 하는 비율이 높아지자, 정년 연장에 대한 논의가 불가피해졌다. 이에 우리나라 대법원은 육체 노동으로 돈을 벌 수 있는 나이, 즉 정년퇴직 나이를 60세에서 65세로 연장했다. 60세의 나이는 신체 기능이 정상적일뿐더러 예전과 같은 노쇠 현상도 나타나지 않기 때문에 더 이상 노인의 범주에 들어가지 않는다는 것이 핵심이다. 노인복지법에서도 노인을 만 65세로 보고 있는데 일각에서는 이 나이를 70세까지 더 높여야 한다고 주장한다.

선진국들도 고령화로 인해 정년을 연장하고 있다. 미국, 영국, 캐나다에서는 연령 차별이라는 명분을 내세워 정년제도를 아예 폐지했다. 독일과 덴마크는 67세로, 이탈리아는 66세로 연장하기로 결정했다. 한편 프랑스를 비롯하여 헝가리, 대만, 싱가포르는 60~63세를 유지하고 있다. 나아가 일본은 정년을 65세에서 70세로 높이는 방안도 추진하고 있다.

OECD 회원국의 평균 정년은 남자 64.3세, 여자 63.7세지만 각국 정부는 고령화 시대에 발맞춰 정년을 66~70세로 늦추고 그에 따른 연금 개시 연령 상향조정을 추진하고 있다.

각국 정부는 정년을 최대한 늦추려는 카드를 꺼내들 수밖에 없다. 정년이 늘어나면 연금 수급 시기도 늦춰져 연금기금 고갈에 따른 부담이 줄어든다. 또 고령자들이 일을 할수록 구매력이 유지되고 세수가 늘어난다. 건강한 고령자를 늘리면 의료보장 등 복지 부담 역시 작아져 결국 연금 재정의 건전화를 유지할 수 있다.

많은 국가에서 은퇴자의 수명 변화를 자동으로 연금급여에 반영하는 조치를 하고 있다. 100세 시대를 맞아 공적연금 지출에서 주목하는 변수는 기대여명이다. 핀란드는 2005년 연금 개혁에서 기대여명계수를 도입했다. 이 제도는 기대여명이 늘어나면 자동으로 연금액을 인하한다. 생애 기간에 받는 연금액 총액에는 변화가 없지만, 수급기간이 늘어나는 만큼 월 수령 연금액을 낮추는 방식이다.

우리나라도 기대여명계수를 도입하여 장기적인 시야에서 검토해보자는 제안이 있었다. 기대여명계수가 도입되면 전체 총액은 똑같지만 매달 받는 연금액이 줄어들 것이다. 노후에 최저생활 보장을 위해 부족한 생활비 보완을 위해 퇴직연금과 사적연금이 뒷받침해주는 역할을 할 수 있어야 한다.

스웨덴에서는 50세 이후에 새로운 직업을 가질 수 있도록 국가가 교육비를 지원한다. 제2의 직업으로 인생 이모작을 할 수 있는 여건을 만들어 연금 수급 개시 시점을 미루고, 그만큼 연금이 증가할 수 있는 시스템을 갖춰야 한다.

일하는 노인을 위한 정책 제도의 활성화

미국에서는 베이비부머1946~1965년생들이 일하는 비율이 갈수록 높아지면서 역대 가장 강한 '시니어 파워'를 자랑한다. 우리나라의 베이비붐 세대는 2020년부터 약 727만 명이며, 2024년도에 이르면 전체 노인인구의 35.8%에 이를 것으로 예상된다.

고령화 시대를 맞아 전 세계적으로 일하는 노인의 비율이 높아지고 있다. 우리 사회에서도 일하는 노인이 많이 보인다. 일하는 고령층 비율은 2021년 OECD 회원국 중 1위로 처음 올라섰다. 2019년도부터 65세 이상 노인의 고용률은 32.9%로 OECD 평균에 비해 2배가 넘고, 2012년도 이후 30% 이하로 떨어진 적이 없었다.

사실 노후에 편안히 쉬어야 할 노인이 일을 끊지 못하고 1위까지한 기록은 반갑지만은 않은 결과다. 그렇다고 우리나라의 어르신들이 유난히 건강하고 일 욕심이 많아서가 아니기 때문이다. 수입이 충분하다고 하더라도 수명이 늘면서 이제 연금에만 기대기 어려워졌다. 노후 자금은 부족하고 사회안전망은 빈약한 탓이다. 은퇴하고도 일터에 다시 나가야만 생계가 유지되는 현실이 한국 고령층의 고용률을 끌어올리고 있다.

게다가 정부가 '최소의 재정 투입, 최대의 인원 증가' 효과를 내려고 노인 공공일자리 만들기에 집중하면서 고령층의 고용률이 늘어났다. 그러나 고용률만큼 노후 복지 안전망은 제대로 갖추지 못했다.

2021년 노인 일자리 사업 운영지침에 의하면, 현재 노인 일자리 사업의 유형은 공공형, 사회 서비스형, 민간형으로 구분하고 있는데, 이 유형을 사회활동 영역과 일자리 영역으로 재분류하면 사회활동 영역에는 공익활동형과 재능나눔형이 있고, 일자리 영역에는 사회 서비스형, 시장형 사업단, 취업알선형, 시니어인턴십, 고령친화기업이 있다. 여기서 공익활동 유형은 전체 사업에서 74%를 차지할 만큼 비중이 큰 사업이다. 노인 일자리 지원 방식을 기준으로 급여와 사업비를 지원하는 사업 유형을 구분할 수 있다.

참여자에게 직접 급여를 지원하는 사업은 공익활동 **월 27만 원**, 재능나눔형 **월 10만 원**, 사회 서비스형 **월 59만 원**이며, 나머지 사업 유형은 모두 사업비를 지원하고 있다. 시장형은 연 267만 원, 취업알선형은 연

15만 원, 시니어인턴십은 월 37만 원, 고령친화형기업은 개소당 최대 3억 원까지 지원한다.

한국노인인력개발원에서 2020년 노인 일자리 사업 참여자를 대상으로 수행한 만족도 조사에서 노인의 77.3%는 "스스로 발전하는 계기가 되었다"라고 응답하였다. 사업에 참여한 노인을 중심으로 빈곤 감소 효과, 건강 증진, 심리사회적 효과, 사회적 관계 만족도 등 여러 측면에서 노인 일자리의 정책 효과가 입증되고 있다.

이와 같은 정책 효과는 노동 활동과 차별화된 목표 설정으로도 가능하다. 즉, 노인 일자리 활동을 통해 자존감 고취, 자기계발 및 기술 습득 등 다양한 개인적 차원의 만족감을 제고할 수 있을 것이다.

그러나 참여자의 노동 조건을 보면 사업유형별 특성을 감안하더라도 단기 일자리 특성을 띠고 있다. 타 부처에서 시행하고 있는 직접 일자리보다 반복 참여 제한이 없기 때문에 익년도에도 참여 가능성은 열려 있지만, 연속 참여를 하지 못할 경우 빈곤을 경험하는 노인 가구일수록 경제적 불안정 상태가 심화될 수 있다.

또한, 노인노동은 특정 공공일자리에만 한정되는 등 책상머리식 사고에 머물러 있다. 결국 노인에게 주어진 일은 젊은이들과 경쟁해야 하는 극한직업이거나 풀 뽑는 시늉이나 하다 끝나는 공공일자리 사업 등 양극단의 선택지밖에 없다.

법정 정년을 넘긴 이들이 일할 수 있는 곳 대부분이 비정규, 비숙련, 저임금 업종이란 점이 한계다. 문제는 정부가 만든 공익형, 공공형 일자리 대부분이 월 임금 27만 원 수준으로, 노인 한 명을 풀타임으로 고용하면 월 150만 원 정도를 줄 수 있는 걸 5~6명으로 나눠놓았다. 생활에 보탬에 되기엔 턱없이 부족한 금액이다.

서구 선진국과 달리 우리나라는 연금 가입 기간이 짧고, 금액이 적어 노년 고용률이 높아질 수밖에 없는 상황이다. 정부 일자리 사업 말고도 민간에서 노인 일자리를 공급할 수 있도록 간접 지원을 늘려야 한다.

한국 고령층은 자가 거주 비율이 높은 편인데 이를 노후 생활비로 활용할 수 있도록 주택연금 같은 자산 유동화 금융 지원을 활성화할 필요가 있다.

09

장애인 정책의 개선

장애가 차별이 되는 세상

장애인 가구 소득은 전국 가구에 비해 낮고, 저소득가구 비중이 높은 편이다. 저소득일수록 생계 및 의료 지출 비중이 높은 열악한 구조를 보였다. 이들이 국가에 요구하는 사항은 소득보장, 의료보장, 주거보장, 고용보장인데, 코로나19 장기화로 인해 소득이 감소하고 고용시장이 위축되고 있어 악순환이 반복되고 있다.

장애인에 대한 차별은 생존, 노동, 교육, 소비자 생활, 공공시설 및 건축물의 이용 및 접근, 대중교통 및 교통시설의 이용 및 접근, 정보통신의 이용 및 의사소통, 여성장애인 및 모성, 형사절차, 생활시설 등 모든 일상 및 사회생활에서 발생하고 있다. 학교, 직장은 물론 장애인 시설 및 가정에서도 일상화되고 있다.

차별의 가장 큰 이유를 '비장애인의 장애인에 대한 편견' 이라고 생각하는 등 우리 사회에는 아직도 장애를 사유로 한 차별이 관행적으로 지속되고 있다. 특히, 보호받아야 할 복지시설 등에서의 장애인 폭행, 감금, 학대 등의 사례가 빈번히 제기되는 등 심각한 인권 침해도 벌어지고 있다.

장애인 차별을 금지하는 각종 관련법이 십수 년 전부터 시행되고 있는데도, 장애인에 대한 차별은 좀처럼 개선되지 않고 있다. 한 치 앞도 생각하지 못할 정도의 힘든 삶을 살아가고 있는 장애인이 많다. 교육 현장에서, 노동 시장에서, 가정에서, 문화 · 체육생활에 있어서 각종 차별에 대해 포괄적으로 장애인 차별에 대응한다는 점에서 장애인차별법은 의미가 있다.

그러나 장애인 개개인에게 필요한 교육을 받고 있는지 그렇지 못한지는 이 법에서 어찌할 수 없다. 일이 없는 장애인에게 노동 시장에서의 차별 문제가 무슨 상관이 있을까? 문화생활을 할 수 있는 소득이 없는 장애인에게 문화시설 이용상의 차별은 그림의 떡이다. 이 법이 제대로 작동되려면 사회정책과 맞물려 돌아가야 한다.

장애인차별법 제정에 많은 사람이 주목했던 이유 중 하나는, 차별을 해결하여 장애인의 사회 참여를 도모할 수 있을 거라고 기대했기 때문이었다. 장애인에게 균등한 기회를 부여한다는 것만으로는 사실 근본적인 해결책이라고 볼 수 없다. 왜냐하면, 장애를 가진 사람들의 개별적인 욕구가 해결되어야만 실질적으로 사회참여가 가능하기 때문이다. 따라서 정신적 및 신체적으로 겪고 있는 어려움을 보완해줄 세세하고도 적극적인 정책이 마련되어야 한다.

사회에서 장애인은 능력 면이나 일상생활 전반에 대해서 잘못된 인식과 장애에 대한 선입견에 의해 차별받는 경향이 많다. 이러한 사회적 차별은 사회적 관계망 및 접촉이 부족한 상태에서 장애인에 대한 잘못된 편견을 갖게 만든다. 결국, 장애인에 대한 인식 부족으로 인해 많은 장애인이 사회 참여의 균등한 기회와 평등 조건을 갖지 못하고 있다. 이런 불평등은 다시 이해의 부족을 낳게 되면서 악순환이 반복된다.

장애인이 이 사회에 먼저 요구하는 노동 문제에 대해 새로운 접근을 모색하려면 장애에 대한 관점을 재고찰하는 것이 필요하다. 노동 문제를 장애로 인한 개인의 노동력 감소 문제로 보느냐, 노동 시장을 포함한 사회 구조의 문제로 보느냐에 따라서 정책의 방향성이 달라진다.

우리나라의 장애인 복지정책은 장애인 복지 서비스의 확대, 특수교육의 강화, 고용 촉진 등을 통해 장애인이 가족, 이웃, 지역사회와 더불어 살아가는 사회를 구현함으로써 장애인의 완전한 사회 참여와 평등의 보장을 기본 방향으로 하고 있다. 이는 복지정책이 추구하는 일차적인 목적이 대상 집단의 복지 실현에 있다는 것을 의미한다.

그러나 그동안의 지속적인 노력에도 불구하고 우리나라의 장애인

복지 수준은 복지 선진국과 비교했을 때 많은 격차가 있으며, 급속히 증가하는 장애인의 기대 욕구를 충족하기에는 아직도 부족하다.

질병과 장애의 경계에서

장애인이어도 법이 인정하지 않으면 장애인이 아니기 때문에 장애인으로 등록할 수 없고, 정부의 지원이나 복지 혜택을 받을 수 없다. 질병은 치료할 수 있지만, 장애는 원칙적으로는 치료의 대상이 아니다.

평생 낫지 않는 만성질환이나 희귀난치성질환은 장애와 질병의 경계에 서 있다. 이 중엔 현실의 어려움 때문에 장애를 인정받기 원하는 사람들이 있다.

2021년 5월부터 장애인정 기준이 확대되면서 복합부위 통증 증후군CRPS, 지체장애 유형, 백반증안면장애 유형, 기면증, 투레트 증후군정신장애 유형 등 10가지 질환이 장애 범주에 추가됐다.

그러나 HIV인체면역결핍바이러스 감염인은 장애의 범주에 속하지 못하고 있고 이 때문에 감염인들이 진료 거부 등 사회적 차별을 당하고 있음에도 장애인 혜택을 받지 못한 채 사각지대에 놓여 있다.

UN 장애인권리협약 제1조에는 장애인을 '다양한 장벽과의 상호

작용으로 완전하고 효과적인 사회참여를 저해하는 장기간의 손상을 가진 사람'으로 장애를 고정적, 폐쇄적인 개념으로 규정하는 것이 아니라 점진적으로 발전하는 개념으로 보고 있다.

이를 바탕으로 홍콩, 영국, 일본 등은 HIV 감염인을 장애인으로 간주하고 있고 미국, 호주, 캐나다, 독일 등은 법해석 과정에서 HIV/AIDS 감염인을 장애인으로 인정하였다.

세상의 모든 이해관계를 법이 규정한 대로만 결정하면 법이 규정하지 않은 것들은 모든 법적 권리 및 의무에서 배제되는 일이 벌어진다. 가령, 실제는 장애인이지만 법이 인정하지 않으면 그는 장애인이 아니게 된다.

국가가 해야 할 의무와 역할은 매우 많다. 안보, 국방, 치안 유지, 복지정책은 물론이고 경제, 노동, 예술 문화 진흥과 교육, 산업 등 끝이 없다. 이렇게 국가는 국민을 보호하고, 개인의 기본권을 보장해야 한다. 사회보장과 사회복지의 증진을 위해 노력해야 하고, 노인과 사회적 약자의 복지 향상을 위한 정책을 실시해야 한다. 코로나19 재난 시대를 맞아 섬세한 방역 대책과 집단면역 형성을 위해 전 국민을 상대로 백신 접종도 완료해야 한다.

이러한 일 중 어느 하나라도 삐걱거리면 우리 사회는 정지되고 퇴보할 수도 있다.

이런 시각에서 당장 급하지 않은 정책은 밀려나기 일쑤다.

계단으로 가득한 건물과 지하철, 경사로가 없는 식당, 움직일 수 있는 공간이 없는 거리, 조금 느린 것을 참지 못하는 한국인의 급한 성향, 노약자에게 청년처럼 행동하고 일하길 바라는 사회 문화가 차별과 편견을 만들어왔다.

일상에서 아무런 제약 없이 자유롭게 이동하는 일반인은 자신이 인간다운 생활을 할 수 있도록 끊임없이 권리를 요구해왔다. 그로 인해 현대인의 삶은 보다 나은 방향으로 발전해나가고 있다.

그러나 장애인은 일상생활에서 당연히 누려야 할 이동의 자유를 누리지 못해 지독한 불편함과 고독감을 겪어야 했다. 장애인의 70%가 한 달에 5회도 외출하지 못한다는 보건복지부의 조사 결과가 있었다. 코로나19로 인해 장애인은 감염보다 고립이 더 무섭다고 털어놓기도 하였다.

단순히 예산상의 이유와 긴급한 정책의 우선순위에서 밀려서 사회적 약자에 대한 배려가 없다는 사실은 매우 안타까운 일이다.

무엇보다 이제 장애인 문제는 배려가 아니라 모두 함께 풀어나가야 할 사회적 책무다. 이 시대를 함께 살아가는 모든 사람이 함께 해결해가야 할 문제이며, 좀 더 관심을 기울여 비용과 노력을 들인다면 충분히 극복할 수 있는 문제이기도 하다.

우리는 일상에서의 작은 불편함조차 분해하고 억울해하면서 조금도 손해 보지 않으려고 한다. 그러면서 장애에 대해서는 극복하고 이

거내야 할 것으로 여기고 있는 것 같다.

선천적 장애와 후천적 장애의 비율은 1:9라는 사실은 다소 충격적이다. 장애 원인의 56%는 질병이고, 32%는 사고다. 외부적으로 잘 드러나지 않았을 뿐, 생각보다 많은 장애인이 우리의 곁에 있다. 더불어 함께 살아가며 더 나은 공동체를 만들기 위해 서로 노력해야 한다.

실종 장애인을 위한 전담기구 구축

보건복지부와 경찰청 통계에 따르면, 발달장애인 실종 접수 건수는 최근 5년간 2016~2020년 연평균 8,000여 건이 넘는다. 발달장애인의 인구 대비 실종비율은 2.47%였다. 이 비율은 아동 실종비율 0.25%보다 10배나 높다. 실종 후 미발견율 또한 발달장애인이 아동보다 2배, 발견 시 사망한 비율은 약 4.5배나 높다.

공간 지각능력이 떨어지는 발달장애인의 특성상 낯선 장소나 복잡한 공간에서 긴장하면 방향 감각을 잃어버리는 경우가 종종 발생한다. 더 큰 문제는 길을 잃어버리면 한곳에 머물러 있지 않고 이곳저곳으로 이동해버리기 때문에 찾기가 무척 힘들어진다. 활동지원을 통한 동행보조인이 귀가 등을 도와주기도 하지만 온종일 밀착해 동행하기엔 인력 등에 한계가 있다. 기억력이나 인지능력이 비장애인에 비해 떨어지는 경우 보호자가 없는 틈에 실종되기 쉽다. 또 발달장애인 가운데 돌발행동을 보이는 자폐성 장애를 가진 이들은 일반적인 범주 밖의 행동을 하는 경우가 잦다.

발달장애인의 실종 사건을 근본적으로 예방하려면 열악한 발달장애인 지원체계, 즉 일상생활에 있어서의 지원이 대부분 부모나 가족에게 전가되는 것이 아니라 촘촘하게 짜여진 공공 서비스로 지원될 수 있도록 체계 구축이 우선시되어야 한다. 하지만 그 이전에 우선적으로 현행 제도의 미비점이 보완되어야 한다. 현행 대응책이나 정책보완 등은 실종 이후 대응에 초점이 맞춰져 있다.

실종장애인 당사자를 찾는 데에는 많은 인력과 노력이 소모된다. 현행 실종아동법에 따르면 실종아동에 관한 업무는 아동권리보장원에서, 실종 치매노인에 관한 업무는 중앙치매센터로 위탁해 수행하도록 하고 있다. 어릴 때 실종되면 비교적 빠른 신고로 찾을 수 있지만, 성인이 되면 사람들에게서 무관심해져 찾기가 어려워진다. 특히, 발달장애인 중 지적장애인은 몸은 성인이지만 인지기능은 미취학아동 수준인 경우가 많아 대화하지 않으면 티가 잘 안 나기 때문에 도움받기가 어렵다.

발달장애인의 실종을 전담하는 전문기관이 실종 초기에 강력한 권한을 가지고 관련기관들을 지휘해야 한다. 발달장애인의 실종은 사고와 범죄 피해, 사망으로 이어지는 경우가 많아 장애인의 특성을 잘

아는 전문가의 신속한 대응이 절실하다. 경찰, 소방서 등의 가용인력을 최대한 동원하고 배치할 수 있는 권한이 있는 실종 전담기관의 설치가 필요하다.

또한, 장애인의 특성을 고려하지 않고 주먹구구식으로 아동과 장애인, 노인을 같은 존재로 생각하고 운영하다보니 매뉴얼이 성립되지 않아 실종장애인을 찾는 데 어려움을 겪고 있는 게 현 상황이다. 현재 아동·치매환자·장애인 등을 통합한 실종 대응 매뉴얼을 운영 중인데, 장애인의 특성을 고려한 전담 실종 매뉴얼은 따로 없는 실정이다. 특히, 발달장애인 실종 관련 매뉴얼의 제작이 필요하다. 법안 매뉴얼을 고치는 것도 필요하지만 직접 장애인 당사자들의 목소리와 운영 체계를 살펴보고 그에 따른 예산 편성이 필요하다.

현장에서는 발달장애인들이 활동 시 상시 지닐 수 있는 위치추적기GPS 등 장비 보급의 확대 필요성이 제기된다. GPS가 서서히 보급되는 추세지만 여전히 시험단계에 머무르고 있고 보편화되지 못했다. 휴대전화로 위치추적을 할 수 있지만, 기지국 중심의 추적이라는 한계가 있다.

신발 깔창이나, 손목시계 형태, 목걸이 형태로 GPS 위치추적기를 상시 부착하게 하는데, 그나마 거추장스러워 떼어버리거나 심지어 발달장애인들은 쉽게 구할 수가 없다. 경찰이나 보건복지부에서 제공하는 배회감지기는 주로 치매 노인들이 대상이기 때문이며, 지자체별로 지원 여부가 다르다. 배터리 수명도 짧아 실종이 장기화되면 그나마 쓸모가 없어진다.

GPS 추적은 장애인 당사자 관점에서 일거수일투족을 감시당하고 그 결과가 부모에게 통보된다. 이에 성인자폐(성)자조모임 estas는 GPS로 발달장애인의 위치를 수집하고 조사한다면, 사생활과 자유를 비롯해 인권을 침해하는 행위가 될 수 있다며 우려하고 있다. 대한민국 헌법 제17조에서 보장하고 있는 사생활 비밀과 자유를 침해받지 않을 권리를 침해당하게 되는 것이다. 아울러 신체의 자유와 안전, 사생활의 존중을 다루고 있는 UN 장애인권리협약 제14조, 제22조를 각각 위반하는 것이다.

또한, 이런 감시가 등록한 장애인을 중심으로 이뤄진다면 실제 손상이 있어도 사생활을 침해받기 싫어 장애인 등록을 꺼리거나 철회하는 당사자가 많아질 것이고, 이는 미등록 당사자를 양산하게 되는 결과를 낳을 수도 있다. 그렇게 되면, 당사자들의 인권을 위해 필요한 서비스 지원을 받지 못하게 되어 또 하나의 인권 침해를 부추길 우려가 있다. 따라서 자폐성·지적 장애인 당사자의 인권을 증진하기 위해 또 다른 인권이 훼손되어선 안 된다.

장애인 정책의 뿌리는 인권

2013년 기준 OECD에서 발표한 국가 GDP 대비 장애인 복지 지출은 한국 0.61%, 스웨덴은 4.25%였다. OECD 평균2.1%은 한국에 비해 3.5배나 높다. 예산안을 구체적으로 살펴보면, 한국은 2013년 이후 활동지원 예산이 꾸준히 증가하고 있지만 2019년에 들어서야 1조 원을 겨우 넘겼다.

반면, 스웨덴은 예산이 대폭 늘진 않았지만 이미 2014년부터 3조 원대를 유지하고 있다. 2019년 기준으로 서비스 이용자는 한국8만1천 명이 스웨덴1만4천 명보다 5배 이상 많지만 예산은 1/3 이하 수준이다.

한국과 스웨덴의 결정적 차이는 예산에서 비롯된다. 활동 지원 서비스는 보건복지부의 장애인 정책 예산 가운데 1/3을 차지하는 가장 큰 규모의 예산이지만, 늘어나는 서비스 이용자와 상승하는 물가·인건비 등을 현실적으로 반영하지 못하고 있다.

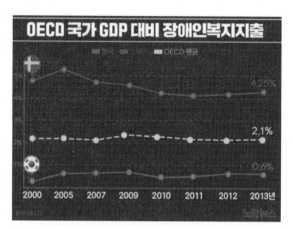

스웨덴에는 장애인 시설이 없다. 1960년대 초부터 장애인 시설 폐지와 관

련된 논의가 시작됐고, 1994년 장애인 서비스법인 LSS법을 도입해 2000년 모든 시설을 폐지했다. LSS법은 탈시설 서비스를 중심으로 장애인의 권리를 확대하고 비장애인과 같은 생활환경에서 살게 하기 위한 법이다. 스웨덴 어디에서나 장애인을 쉽게 만날 수 있는 이유다. 시설 폐지 이전에 강력한 법 제정을 통해 장애인의 고립을 막았다. 여가활동이나 친구 사귀기, 경제적 활동 등이 일상에서 너무나 중요한 부분이기 때문에 활동 보조를 받을 수 있는 권리 등이 모두 법안에 포함돼 있다.

활동보조 서비스, 조언 및 기타 지원, 동행 서비스, 휴식 지원 서비스, 12세 이상 학생을 위한 단기 보호 서비스, 주거 서비스, 가족 또는 가정에서의 생활 지원, 주간 활동 등 10가지 서비스 제공을 규정한다. 2016년 LSS 서비스 이용 인원 중 87%가 발달장애인이다. 나머지 대상은 뇌손상장애 및 기타 영역 장애인이다.

LSS 체제에서는 이용자가 필요한 서비스를 선택해 지역구청에 신청하면 보건, 의료 등 관련 자료와 면담을 통해 서비스가 최종 결정된다. 면담에는 이용자와 보호자는 물론 담당 사례관리사 외에 다른 분야 관련 스텝들도 함께 참여해 서비스 내용을 논의한다.

서비스 판정과 제공 과정이 전문가와 제공자 중심이 아니라 이용자 개인의 욕구에 중점을 둔다. 서비스 연계 후 진행되는 확인 조사가 부정 수급이 아닌 서비스 제공 과정에서 이용자가 존중되고 있는

가에 초점을 맞춘다.

　이처럼 개인 맞춤형으로 활동보조 서비스를 제공하고 있는 셈인데 장애등급제에 기반해 획일적으로 서비스를 제공하는 우리나라와 대별된다. 장애 정도가 심하거나 심하지 않은 장애인으로 구분하여 복지 예산과 활동지원 서비스를 차등 지원하기 때문이다. 개별적 필요와 수요를 감지하지 못한 채 장애 유형만으로 장애인의 상태와 상황을 파악하며 필요와 수요를 가늠한다. 우리나라의 장애인에게 즐길 거리는 극장이나 미술관 등 관람 위주가 대부분이다. 몸을 사용하는 체험 활동은 기구를 구하기도 어렵고 장소 접근조차 쉽지 않다.

　심지어 우리나라는 UN으로부터 장애인권리협약을 지키지 않는 성년후견제도를 시정하라고 권고 조치를 받았다. 하지만 정부는 고치려는 시늉조차 없다. 대부분의 사람들도 인지적 손상이 있는 정신장애인에게 성년후견제는 필수라고 여긴다.

　아직도 장애인은 산속 깊은 곳이나 외딴 섬에 모여 시설에 사는 게 당연하다는 사회 분위기와 일맥상통한다. 그러나 스웨덴에서는 인권이 장애인 정책의 뿌리다. 스웨덴에서는 가족 중 장애가 있다고 해서 가족이 해체되지 않는다. 장애아의 출생 시점부터 상실감과 충격·부인·슬픔·분노 등의 부정적인 감정에 휩싸이지도 않는다.

장애에 대한 편견 때문에 온 가족이 동반자살하는 일도 없다. 장애 자녀의 건강과 교육, 재활을 위해 지출해야 하는 비용을 국가가 아닌 가족이 책임지는 일로 가족 간 갈등과 빈곤의 나락으로 떨어지지도 않는다. 부모가 없어도 장애 자녀가 혼자서 살 수 있는 세상, 도움이 필요할 때 국민의 한 사람으로 최소한의 권리를 보장받을 수 있는 세상이 되어야 한다.

우리는 아직도 장애인 편의시설이라고 하면 신체적 장애인의 이동권밖에 생각하지 못하는 반면, 스웨덴 사람들은 접근하지 못하는 모든 것들을 차별이라고 인식한다. 장애가 있건 없건 모두에게 통용될 수 있는 건축 설립 표준을 구축하여 법으로 규정해야 한다. 접근하기 좋고 누구나 쉽게 이용할 수 있는 인프라 구축에 힘쓰지 않는다면 차세대 장애인들을 이 사회에서 배제하는 것과 같다.

무심코가 던진 큰 상처

인간은 누구나 장애를 입을 수 있다. 통계에 따르면, 선천성 장애는 10%에 불과하고, 질병이나 불의의 사고 및 재해로 인한 후천적 장애가 나머지 90%를 차지한다. 장애인의 반대말이 '정상인'이 아니라 '비장애인'인 이유다. 그런 의미에서 인간은 예비 장애인 혹은 잠재적 장애인이다.

4월 20일은 제41회 장애인의 날이다. 차별과 편견을 넘어서 얼마나 많은 공동체적 관심과 사회적 배려를 기울여 왔는지 다시 한 번 되돌아보게 하는 날이다. 많은 사람이 "정신병자, 외눈박이, 절름발이, 집단적 조현병, 앉은뱅이, 꿀 먹은 벙어리" 등과 같은 말을 무심코 사용한다. 모두 장애인을 비하할 의도는 조금도 없음에도 '무심코' 사용한 말이라고 한다. 이런 말을 사용한 사람 중에 장애인을 '일부러' 비하할 의도로 그렇게 말한 사람은 아무도 없을 것이다.

그러나 장애인 비하 목적이 없었다고 변명하지만, 자신도 모르는 무의식 속에 장애인에 대한 차별과 편견에 관한 생각이 자리 잡고 있었다는 뜻이기도 하다.

"모든 종류의 차별이 사라지지 않고는 어떤 종류의 차별도 사라지지 않는다."

김성섭 교수가 번역한 《장애의 역사》라는 책을 보면, "차별은 공기와 같아서 기득권에는 아무리 눈을 떠도 보이지 않지만, 권리를 박탈당한 사람들은 삶의 모든 순간을 차별과 함께 살아간다"라는 말이 있다.

독일 철학자 마르틴 하이데거는 "언어는 존재의 집"이라는 말을 남겼다. 인간의 사상은 그가 사용하는 언어의 수준을 넘어서지 못한다는 의미다. 언어철학자 비트겐슈타인은 "언어는 습관의 반영"이라고 했다.

장애인 비하 발언이 끊이지 않는 이유이기도 하다. 물론 "무심코 나왔다, 그런 의도가 없었다, 잘 몰랐다"라고 항변할 수는 있다. 우리 사회는 '무심코'에 너무 관대하다. 사람의 인식은 자신이 사용하는 단어에서 나온다.

무의식은 우리가 내뱉은 말이 가진 의미에 지배된다. 한번 내뱉은 말은 주워담을 수 없듯이 평소에도 의식적으로 단어를 사용하면서 그 말들이 적절한가 다시 한 번 돌이켜볼 필요가 있다.

10

존재하지 않는 복지정책의 개선

불공정에 분노하는 세대

기회는 공정했는가?

과정은 평등했는가?

결과가 정의로웠는가?

'불환빈 환불균不患貧 患不均'은 '가난해서 화가 나는 것이 아니라 불공정해서 화가 난다'는 말이다. 중국의 맹자도, 조선시대의 다산도 '백성은 가난보다도 불공정에 분노하니 정치에선 가난보다 불공정을 더 걱정하라'고 조언했다.

다른 사람에 비해 내가 공정하지 않게 보상을 받았을 경우 화가 나는 것은 자명한 이치다. 내가 일한 것보다 과소 보상을 받았을 경우 분노하고 실망한다. 반대로 과대 보상을 받았을 경우에는 스스로 죄책감과 함께 부채감을 느끼는데, 분배의 공정성 때문에 그렇다.

사람은 자신에게 돌아오는 보상이 내 책임에 맞게 마땅하게 돌아온 것인지 끊임없이 생각하며 이에 반응한다. 공정성에 대한 개인의 평가와 인식은 사회 공동체 유지와 발전에 중요한 영향을 미친다. 공정함을 느끼면 서로 협력하며 조직의 규칙과 가치를 보다 잘 따르게 되고 결국 생산성이 증가한다. 그러나 불공정함을 느끼면 분노와 불만이 쌓이면서 공동체는 불안정해진다.

2030 세대들의 90%는 부모보다 더 많은 스펙을 쌓으며 노력했지만, 부모보다 더 못한 생활을 하며 계층 사다리를 타고 상승하기가 어려워졌다. 개천에서 용이 나고 가난한 집안에서 출세할 수 있었던 시절은 이제 호랑이 담배 피우던 옛말이 되고 말았다.

고도화된 자본만능주의 시장에서의 계층 사다리는 날이 갈수록 점점 좁아지고 얇아지고 있다. 부의 세습이 이루어지면서 더욱 견고해지고, 금수저에게 더 많은 기회가 주어지면서 돈도 실력이라는 생각이 만연하다.

코로나 팬데믹으로 사회적 불평등과 대면하면서 사회 곳곳에 민낯이 드러나고 있다. 불평등은 과거로부터 존재해왔지만, 코로나로 소득과 부, 일자리의 불평등함이 재택근무가 가능한가의 여부로 드러나고 만 것이다. 상층 노동자는 코로나를 피해 안전한 집에서 근무하지만, 누군가는 바이러스가 창궐한 세상 밖으로 나가야 한다. 배달,

유통, 대중교통 운수업자, 돌봄근로자 등 외부에 노출되는 사람들은 사회가 돌아가는 데 꼭 필요한 근로자이지만, 가난한 사람들이기도 하다. 특히 코로나19 진단, 간호, 간병, 체크하는 사람들은 방역에서 가장 필수적이고 핵심 업무를 담당하지만 대부분 비정형 및 비정규 노동자들이다. 향후 코로나19가 장기화되면 고용 위기를 초래하게 된다. 이들은 대부분 실직하여 소득이 상실되었을 때 이들을 보호해줄 실업보험의 적용을 받지 못한다.

사회는 그들의 희생과 값싼 노동력에 의지하면서 노동의 가치에 대해 재인식하게 되었다. 성공을 이뤄낸 사람들은 오직 자신만의 능력으로 성공을 거두었다며 자만한다. 부와 성공이 대물림되는 세상에서 그러한 착각은 오만을 불러일으킨다. 자신보다 운이 좋지 않은 사람을 무시하며 공감 능력이 떨어진 채 공동체를 무너뜨릴 수 있다.

코로나 세상이 되면서 우리는 너무 많은 것을 잃었다. 소중한 일상과 열심히 일한 일터를 잃은 상실감이 가장 크다. 소상공인의 폐업이 속출하고, 일자리를 잃은 사람들의 수를 헤아리기 어려울 정도다. 더 심각한 건, 불평등의 심화다. 하위층 소득은 크게 줄고, 비정규직 실업이 급증했다.

그러나 디지털 플랫폼 기업과 게임, 포털 업체의 이익은 크게 늘었다. 수출 대기업도 실적이 개선되었으며, 지수가 오르면서 주식시장으로 예수금이 몰리면서 차익을 본 고소득층도 많다. 지나친 양극화

현상은 경제 전반의 활력을 떨어트리고 기본기를 무너뜨릴 수 있다는 점에 주목해야 한다.

이렇듯 생계형 일자리를 잃어 생존을 위협받는 사람들이 있는가 하면, 부동산과 금융, 대기업은 오히려 호황을 맞기도 했다. 온라인 사업은 전통 사업의 몰락을 그대로 흡수했다. 이제 노동의 시대가 저물면서 전통 자본을 분배할 길을 찾아야 한다.

전 세계적 바이러스가 출현하면서 각 나라마다 '노동, 복지, 분배'라는 키워드로 복지국가의 정의를 재정립하는 길목에 들어서게 되었다. 이제 경제 성장이 아닌 자본 분배라는 역할을 정부가 어떻게 수행할 것인지 주목해야 한다.

자본주의에서 양극화 문제는 피하기 어려운 사회 문제다. 한쪽은 복지와 분배만을 강조하고, 한쪽은 성장만 강조할 때 불평등과 양극화는 심화된다. 성장과 분배는 서로 조화를 이루어야 한다.

자본의 속성상 많이 가진 한쪽으로 쏠릴 수밖에 없는데, 문제는 '기회의 평등'이 이루어졌는가다. 이미 기울어진 운동장에서 공정 경쟁을 할 수 있는가와 노동과 자본 간 공정한 분배가 이루어졌는가의 불균형성에서 불공정함이 기인한다. 부의 분배와 나눔 방식에 있어 사회에서 소외되고 희생당한 사람들을 이해하고 배제하지 않아야 한다. 복지정책의 기반에 있어 분배와 공정은 국민 모두가 누려야할 당연한 권리인 것을 잊지 말아야겠다.

복지의 세 가지 원칙

기본적으로 복지는 세 가지 원칙을 지켜야 한다. '아이와 노인과 여자는 보호해야 한다'는 드라마 대사처럼, 사회적 약자와 소외계층을 우선적으로 배려해야 한다. 한 계층에 대한 복지가 다른 계층엔 반反복지가 될 수 있다는 점도 기억해야 한다.

국가는 국민이 노령, 질병, 재해, 장애, 실업, 사망이나 출산 등의 다양한 위험으로 인하여 정상적인 생활이 불가능할 때 보호해주고 예방해주는 사회안전망이라는 장치를 마련해야 한다. 1차 안전망**건강보험 등 4대 사회보험제도**, 2차 안전망**기초생활보장을 위한 공공부조**, 3차 안전망**각종 긴급구호 등** 사이의 간극을 줄이고 사각지대를 발굴하여 줄여나가야 한다.

무상급식과 무상보육 논란은 복지의 기본 원칙을 어기면 어떻게 되는지 보여주는 사례다. 노인 동절기 난방비를 줄여 정부가 밀어붙이는 복지정책에 갖다 쓰는 지방자치단체가 많다. 기초연금도 노인 복지를 위해 필요한 정책이지만 자원이 한정되다 보니 반대급부로 차상위계층 생활보장이 줄어들 수밖에 없다. 어떤 계층이 가장 살기 어려운지 먼저 파악하는 절차가 미비했기 때문이다. 복지 예산을 무작정 늘리기보다 어디에 어떻게 쓸 것인지 따져보는 과정이 필요하다.

선별해서 줄 것인가, 보편적으로 줄 것인지가 중요한 것이 아니다. 공공부조는 당연히 선별적으로 지급하는 것이 맞고, 건강보험과 국민연금은 보편적으로 지급해야 한다. 원칙이 무너지면 복지정책 전반에 걸친 점검이 필요해진다. 양보다 질을 따져야 한다.

특히, 보편적 복지는 복지의 재원이 충분하지 않으면 시행할 수 없으며, 시행해도 추후 추경을 통해 채워 넣어야 한다. 복지를 장기적인 관점에서 필요한 사람에게 골고루 돌아갈 수 있는 시스템으로 마련해야 하는 이유다.

복지정책을 입안하여 시행하고자 할 때는 충분한 검토와 국민과의 사회적 합의를 거쳐야 한다. 개인의 요구와 욕망은 다양하고, 필요성과 지급 시기의 긴급성 또한 각기 다르다. 모든 의견을 다 반영할 순 없겠지만 최대한 귀를 열고 상의하며 논의하는 절차를 거쳐야 한다. 책임과 합의가 바로 설 때 원칙 있는 복지국가 실현이 가능하다.

복지정책의 체계화를 위한 과제

국민은 정부를 신뢰하고 세금이 낭비되는 일 없이 사회 전체에 쓰일 것을 믿어 의심치 않는다. 국가의 자원은 국민 개개인의 능력 개발에 공정하게 쓰일 때 국민은 결실을 거둘 수 있다.

개인의 자율성과 창의성을 키우는 교육이 경제에 활력을 불어넣고 사회적 재투자를 가능하게 하는 선순환의 과정이 반복된다. 모든 정책은 신뢰를 바탕으로 타협과 합의를 통해 이룬다.

스웨덴은 안정된 복지국가로 인류의 이상을 향해 앞서가는 나라이자, 미래에 먼저 도달한 나라로 칭송된다. 국민행복도, 국가경쟁력, 인력 개발, 청렴도, 장애인 복지 등 모든 평가에서 최상위 수준이다. 심지어 저출산을 염려하는 이 시대에 출산율까지 상승하고 있다.

스웨덴의 합의 과정은 다음과 같다.

오랜 세월에 걸쳐 국민은 다양한 요구가 생겼고 이에 따른 다양한 정책이 필요해짐에 따라 방향성에 대한 사회적 합의가 필요해졌다. 사회 문제와 대책을 논의할 때 국민화합과 사회통합을 강조하는데, 국민을 보호하고 구제할 대상이 아니라 사회 발전에 참여하는 능동적인 주체로 보았다. 전문가와 이해당사자 간의 면밀한 검토, 의회의 심의를 거쳐 점진적으로 구체화되면 정부는 상당 기간 조사하고, 그 연구 결과를 토대로 정책을 입안하여 시행한다. 정책의 주된 결정은 정부가 하고, 이를 실제로 집행하는 것은 지방행정기관인 콤뮨 kommun이 한다.

따라서 스웨덴의 복지정책은 중앙정부가 전 국민을 대상으로 결정한다. 콤뮨은 중앙정부가 결정한 정책을 집행함으로써 모든 국민에게 동일한 복지혜택을 부여한다. 스웨덴의 모든 정책은 이와 같은 절차로 입안되고 시행된다.

그러나 우리나라는 스웨덴처럼 체계적이지 않은 방식으로 복지정책을 펼치고 있다. 가령, 경기도는 2019년에 청년수당을 1년간 100만 원을 지급하는데, 경기도에 주민등록을 둔 만 24세의 청년을 대상으로만 한다. 안산시는 최초로 소득 수준에 관계없이 반값 대학등록금 사업을 추진하였다. 강원도는 전국적으로 아동수당 월 10만 원이 있는데도 출산 후 4년간 월 30만 원을 추가 지급한다. 그 외에도 각 지자체별로 출산장려금의 액수나 노인수당, 코로나19 재난지원금 등에 차이가 있다.

많은 현금복지 사업은 해당 지자체 주민들에겐 반가운 사실이지만, 실상은 지방자치단체장의 선거 공약에 따른 것이다.

정책의 필요성, 정책의 효과성 및 부작용에 대한 충분한 검토나 합의 없이 단지 유권자의 표를 의식한 급조된 정책이라고 볼 수 있다. 이런 상황을 통제해야 할 중앙정부의 역할은 약화되어 지방자치단체의 사회복지 제도의 신설이나 변경 계획에 대해 결정을 내릴 권한이 없다고 봐야 한다.

한 국가의 복지정책의 목적은 사회적 불균형 해소 및 지역 간 격차 해소에 두어야 한다. 전 국민의 삶의 질을 높이는 데 집중해야 할 복지정책이 정치성을 띤 채 선거 때마다 휘둘리고 있다. 그래서 아직도 우리나라는 북미 선진국의 복지체제를 갖추려면 갈 길이 멀다.

현 사회가 안고 있는 문제를 바람직하게 해결하고 사회 통합을 이루기 위해 면밀한 검토를 거쳐 정책을 입안해야 한다. 정책이 필요한지, 타당한지를 세금을 내는 국민 전체가 납득하고 공감해야 한다. 복지의 혜택은 그 지역의 주민이 아니라 전 국민에게 골고루 돌아가 형평성을 이루는 것이 바람직하다.

미래 한국의 복지국가를 위한 설계

앞서 살핀 북유럽 선진 복지국가의 사례는 앞으로 우리가 나아가야 할 방향성을 보여준다. 물론, 역사적 배경과 국가별 특성이 다르기에 그대로 적용하면 부작용이 커질 수 있다. 미래 한국의 복지국가가 나아가야 할 길은 노동을 매개로 경제와 복지가 선순환 구조를 갖는 설계 방안이 적합하다.

첫째, 초고령사회에 대비해야 한다.

연금과 의료에 대한 합리화 정책이 없으면 복지국가 실현은 불가능하다. 예산을 염두에 두지 않은 정책 실현은 이탈리아, 그리스, 일본처럼 재원을 블랙홀처럼 빨아들여 스웨덴과 같은 복지국가 수립을 불가능하게 한다.

한국 사회는 꿈에서도 나올 것 같은 두 단어, '저출산·고령화' 문제가 심각하다. 현재는 노인의 빈곤이 심각하다. 국민연금에 가입할 기회조차 없었거나, 가입했어도 기간이 짧고 금액이 작다. 현재 노인의 빈곤을 해결하기 위해 국민연금의 급여를 올리면, 미래 세대의 어깨가 무거워진다. 당장 노인세대의 빈곤을 해결하기 위해 기초연금 증액, 주택연금 도입 강화, 양질의 노인 일자리 창출 등 사회보장프로그램 개발이 시급하다.

둘째, 노령연금의 3층 보장 구조를 확립하여 노년의 빈곤을 해결한다.

국민연금-퇴직연금-개인연금으로 이어지는 3층 보장 구조의 연금을 장기적으로 확립한다. 매달 순급여의 15% 정도를 원천징수하고 정년을 늘린다. 덴마크처럼 퇴직연금 전환을 의무화하고, 일시금 수령을 제한함으로써 준공적연금화를 병행한다. 스웨덴처럼 프리미엄 연금이라는 강제 가입 방식의 사적 연금을 도입하여 투자형 연금으로 가입자 스스로 투자상품을 선택하여 연금에 가입시킨다.

셋째, 의료보장 시스템의 합리화다.

우리나라 국민은 감기에만 걸려도 병원에 가장 많이 다니고, 가장 오래 입원한다. 건강보험에서만 감기 환자 진료비로 연 1조 원 이상이 쓰인다. 낭비되는 의료 서비스를 막아야 한다. 위험도에 따른 의료보장과 혼합진료 금지, 비대면 의료 서비스 도입, 공공병원 확충 등 의료체계의 개선이 필요하다.

넷째, 저출산 해결을 위한 부모보험 가입이 필요하다.

스웨덴처럼 부모보험을 만들어 출산과 양육에 따른 사회적 부담을 완화해야 한다. 성평등을 위해 부부가 유연성 있게 육아휴직을 사용할 수 있는 육아휴직 평등 도입과 육아휴직급여를 고용주 의무가 아닌 기금을 통해 지급할 수 있는 시스템 도입이 필요하다.

다섯째, 질 높은 공교육을 제공한다.

모든 아이가 평등한 교육을 통해 공정한 기회를 제공받고, 사교육비 경감을 위해 질 높은 공교육을 제공해야 한다. 특히, 어려서부터 노동에 대한 교육과 훈련, 제4차 산업사회를 대비하기 위한 미래 창의성 교육 및 인성교육이 필요하다. 또한, 전 국민 평생교육으로 전환해야 한다. 특히, 고령화사회에서 1가지 직업만으로는 100세 시대를 살기 어려워졌다. 국민의 재능계발과 역량 증진을 위해 창의적 평생교육사회를 조성하여 재고용의 가능성을 높여야 한다.

여섯째, 장애인의 기능과 역량을 강화하고 삶의 질 향상을 도모한다.

장애인의 인권침해 방지 체계를 확립해나간다. 어려서부터 장애인식 개선교육을 통해 편견과 차별의 시선에서 벗어나야 한다. 장애인복지시설에 대해 중앙정부 차원에서의 균일하고 질 높은 서비스 제공이 요구된다. 장애인의 탈시설을 위해서는 지역사회로의 정착을 위한 환경 조성이 필요하다. 자립적인 장애인의 삶을 위해 제반 인프라 조성이 요구된다. 장애인의 눈높이에서 이동권이 제한받지 않도록 조성해가야 한다. 무엇보다 장애인 개개인의 기능과 역량이 평가절하되지 않도록 교육과 훈련을 통해 자기계발을 해나갈 수 있는 기회를 제공하고 차별없는 일자리를 발굴해야 한다.

일곱째, 한곳에 안정적으로 거주할 수 있어야 한다.

세입자의 전월세 계약을 넘어 계속거주권의 보장과 전월세상한제, 표준임대료 제도의 도입 등 주거비 부담이 완화되어야 한다. 또한, 공공임대주택을 확충하여 안정적 주거를 위한 공공 인프라를 마련하여 이사 걱정, 집 걱정 없는 사회를 만들어야 한다.

마지막으로, 복지국가 재정 마련을 위한 합리적 조세체제 개혁이다.

낮은 수준의 복지 서비스를 제공받으며 불만족스럽게 살려면 지금처럼 세금을 적게 내면 된다. 그러나 이런 방식으로는 우리가 꿈꾸는 복지국가를 실현할 수 없다. 복지만을 위해 쓰이는 세금이라든지, 보유세 및 소득세 강화와 같이 현행보다 높은 수준의 세금 납부로 바람직한 조세 체제를 찾아 국민 모두가 평등하게 누리는 복지국가를 만들어가야 한다.

선진 복지국가로 만드는 문제는 한국 사회의 미래 설계와 관련한 중요하고도 시급한 문제다. 국가행복지수가 OECD 37개국 중 35위라는 부끄러운 성적표처럼, 우리는 변화하고 진보하는 세계 경제 속에서 만족스럽지 못한 삶을 살아가고 있다.

복지국가를 위해서는 국가의 책임과 역할도 중요하지만, 국민이 주체가 되어야 한다. 국민의 목소리가 커지고 삶의 고민이 터져나오며 한마음이 될 때 국가가 제도화해나가며 행복하고 공정한 복지를 실현할 수 있다.

차기대권론

김재록 지음
416쪽 | 25,000원

노동정책의 배신

김명수 지음
304쪽 | 22,000원

권력의 거짓말

강해인 지음
396쪽 | 22,000원

정책이 만든 가치

박진우 지음
320쪽 | 22,000원

법에 그런 게 있었어요?

강병철 지음
400쪽 | 15,000원

공소시효

강해인 지음
216쪽 | 15,000원

돈 버는 시장

이재준 지음
272쪽 | 20,000원

김주형의 인생경영

김주형 지음
240쪽 | 20,000원

삶을 업그레이드하는 더 나은 책

독서로 말하라

노충덕 지음
240쪽 | 14,000원

독한시간

최보기 지음
248쪽 | 13,800원

놓치기 아까운
젊은 날의 책들

최보기 지음
248쪽 | 13,000원

뚜띠쿠치나에서 인문학을
만나다

이현미 지음
216쪽 | 14,000원

걷다 느끼다 쓰다

이해사 지음
364쪽 | 15,000원

내 글도 책이 될까요?

이해사 지음
320쪽 | 15,000원

베스트셀러
절대로 읽지 마라

김욱 지음
288쪽 | 13,500원

책속의 향기가
운명을 바꾼다

다이애나 홍 지음
257쪽 | 12,000원

살아가면서 한번은
당신에 대해 물어라

이철휘 지음
252쪽 | 14,000원

1등이 아니라 1호가
되라 (양장)

이내화 지음
272쪽 | 15,000원

감사, 감사의 습관이
기적을 만든다

정상교 지음
242쪽 | 13,000원

아바타 수입

김종규 지음
224쪽 | 12,500원

직장생활이 달라졌어요

정정우 지음
256쪽 | 15,000원

4차산업혁명의 패러다임

장성철 지음
248쪽 | 15,000원

리더의 격 (양장)

김종수 지음
244쪽 | 15,000원

숫자에 속지마

황인환 지음
352쪽 | 15,000원

삶을 업그레이드하는 더 나은 책

공복과 절식

양우원 지음
267쪽 | 14,000원

내 몸이 아픈 이유는 무엇일까

임청우 지음
272쪽 | 14,000원

프로폴리스 면역혁명

김희성 지음
240쪽 | 14,000원

질병은 치료할 수 있다

구본홍 지음
240쪽 | 12,000원

암에 걸려도 살 수 있다

조기용 지음
247쪽 | 15,000원

암에 걸린 지금이 행복합니다

곽희정 · 이형복 지음
246쪽 | 15,000원

바이러스 대처 매뉴얼(양장)

최용선 · 지영환 지음
416쪽 | 55,000원

노니 건강법

정용준 지음
156쪽 | 12,000원

당신이 생각한 마음까지도 담아 내겠습니다!!

책은 특별한 사람만이 쓰고 만들어 내는 것이 아닙니다.
원하는 책은 기획에서 원고 작성, 편집은 물론,
표지 디자인까지 전문가의 손길을 거쳐
완벽하게 만들어 드립니다.
마음 가득 책 한 권 만드는 일이 꿈이었다면
그 꿈에 과감히 도전하십시오!

업무에 필요한 성공적인 비즈니스뿐만 아니라 성공적인 사업을 하기 위한
자기계발, 동기부여, 자서전적인 책까지도 함께 기획하여 만들어 드립니다.
함께 길을 만들어 성공적인 삶을 한 걸음 앞당기십시오!

도서출판 모아북스에서는 책 만드는 일에 대한 고민을 해결해 드립니다!

모아북스에서 책을 만들면 아주 좋은 점이란?

1. 전국 서점과 인터넷 서점을 동시에 직거래하기 때문에 책이 출간되자마자 온라인, 오프라인 상에 책이 동시에 배포되며 수십 년 노하우를 지닌 전문적인 영업마케팅 담당자에 의해 판매부수가 늘고 책이 판매되는 만큼의 저자에게 인세를 지급해 드립니다.

2. 책을 만드는 전문 출판사로 한 권의 책을 만들어도 부끄럽지 않게 최선을 다하며 전국 서점에 베스트셀러, 스테디셀러로 꾸준히 자리하는 책이 많은 출판사로 널리 알려져 있으며, 분야별 전문적인 시스템을 갖추고 있기 때문에 원하는 시간에 원하는 책을 한 치의 오차 없이 만들어 드립니다.

기업홍보용 도서, 개인회고록, 자서전, 정치에세이, 경제 · 경영 · 인문 · 건강도서

모아북스 MOABOOKS 문의 0505-627-9784

관심 밖 약자들의 외침, 복지정책의 민낯

내 손을 잡아줘

초판 1쇄 인쇄	2022년 04월 25일
1쇄 발행	2022년 05월 10일

지은이	김선우
발행인	이용길
발행처	**모아북스** MOABOOKS

관리	양성인
디자인	이룸
총괄	정윤상

출판등록번호	제 10-1857호
등록일자	1999. 11. 15
등록된 곳	경기도 고양시 일산동구 호수로(백석동) 358-25 동문타워 2차 519호
대표 전화	0505-627-9784
팩스	031-902-5236
홈페이지	www.moabooks.com
이메일	moabooks@hanmail.net
ISBN	979-11-5849-174-1 03340

모아북스 MOABOOKS 는 독자 여러분의 다양한 원고를 기다리고 있습니다.
(보내실 곳 : moabooks@hanmail.net)